Zaanse Zomer

over economische kracht en plattelandsidylle

INMERC

Zaanse Zomer

over economische kracht en plattelandsidylle

Inhoud

Voorwoord

Zo'n dag of veertien, nadat ik aangetreden was als waarnemend burgemeester van Zaanstad, viel mij de eer te beurt als gastheer te mogen optreden bij het bezoek van de hoogste baas van Rusland, de heer Vladimir Poetin, aan het Czaar Peterhuisje in Zaandam.
Vooraf echter moest er eerst iets geregeld worden met de bewoners rond het beroemde verblijf van de grote vorst.
En dus ging ik, op een avond, naar een bijeenkomst van zo'n honderd mensen om ze uit te leggen dat ze een dag lang overlast zouden ondervinden als gevolg van de strenge veiligheidsmaatregelen rond het bezoek.
'Ze laten niks van je heel' was de boodschap die ik, vooraf, op het stadskantoor te horen kreeg. Maar niets was minder waar. De avond verliep rustig. Wij konden de dingen goed uitleggen. De mensen begrepen en accepteerden het, en iedereen ging tevreden naar huis.
Na afloop van de bijeenkomst kwam er een echte vierkante Zaankanter op me af, tikte me, terwijl hij mij strak aankeek, met zijn wijsvinger op mijn schouder en sprak: 'Jij mag blaive!'.

Voor mijn vrouw en mij zijn het intussen gevleugelde woorden geworden, omdat ze voor ons alles in zich dragen wat de Zaanstreek ons geboden heeft in het halve jaar dat wij er met veel plezier gewoond en gewerkt hebben.
Geboren en getogen in dat deel van het land waar de bodem kromt naar de uitlopers van Eifel en Ardennen was het platte, als in het water wegdrijvende weidse Noord-Hollandse landschap, een lust voor ons oog. Maar niet alleen dat: vooral de mensen spraken ons aan.
Nijver, open, recht voor zijn raap en trots op het feit in de Zaanstreek geboren te zijn.

Een ding staat vast: wij hebben er geen spijt van dat de Zaan(streek) op ons pad gekomen is.

Ik ben er van overtuigd dat degene die dit boek ter hand neemt snel zal begrijpen waarom wij een stukje van ons hart aan de Zaanstreek verloren hebben.

Maastricht, 29 september 2006

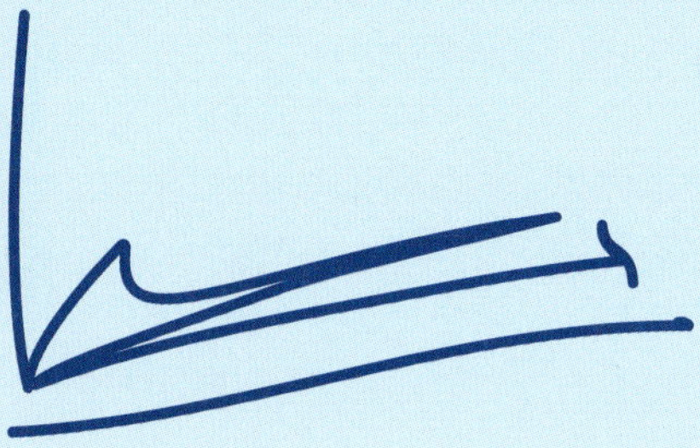

Jan H. Mans

Mijn vlak
mijn Zaa
land

ke land,

nse

Het Zaanse landschap
gefotografeerd door Pieter Boersma

De Hempont,
aan de kant van Amsterdam

Links
Zicht op Assendelft, vanuit Saendelft

Rechts
Plan Willis in Krommenie

Links
Plan Willis in Krommenie

Rechts
Zicht op Wormerveer, vanuit Jisp

Links
Zicht op Wormerveer, vanuit Jisp

Rechts
Zicht op Zaandam,
vanuit Westzaan

Links
Zicht op Zaandam, vanuit Westzaan

Rechts
Krommenie, vanaf de Krommeniedijk

Het Noord-Hollands
landschap, een tapijt
van blijdschap.
Jan Wolkers
www.landschapnoordholland.nl

Rechts
De wijk Saendelft in aanbouw, Assendelft

Links
Zicht op Wormerveer,
vanuit Plan Willis in Krommenie

Rechts
Het pontje van Spijkerboor

Links
Het pontje van Spijkerboor

Rechts
Zicht op Wormer,
vanuit Oost-Knollendam
bij boerderij Vrede 't Best

Links
Zicht op Wormer,
vanuit Oost-Knollendam
bij boerderij Vrede 't Best

Rechts
De Zaanse Schans

Links
De Zaanse Schans

Rechts
Zicht op Westzaan,
vanuit Assendelft

3

Zicht op Zaandam,
vanaf het Noordzeekanaal
bij pont Nauerna

HAARLEM

Links
Zicht op Zaandam,
vanaf het Noordzeekanaal
bij pont Nauerna

Rechts
Oost-Knollendam

Links
Oost-Knollendam

Rechts
Het Kogerveld, gefotografeerd vanonder de talud over de A7

Links
Het Kogerveld, gefotografeerd vanonder de talud over de A7

Rechts
Molen De Schoolmeester in Westzaan

Rechts
Het Prinsenhof in Westzaan

HIER GEEN HONDEN

2665

Rechts
Zicht op Westzaan

Rechts
De brug over de Westzanerweg, tussen Westzaan en het Noordzeekanaal

Links
De brug over de Westzanerweg

Rechts
Zaandam

Links
Zaandam

Rechts
Boerderij Landzicht in Guisveld

Rechts
Guisveld

Rechts
Zicht op het Poldersveld
in Zaandam, vanuit Oostzaan

Rechts
Saendelft

Links
Saendelft

Rechts
De Prins Clausbrug
in Wormerveer

Links
De Prins Clausbrug
in Wormerveer

Rechts
Saendelft

03

Rechts
Het sluisje tussen de Zaan en het Zwet, Wormerveer

Links
Zicht op Wormerveer

Rechts
Guisveldhoeve met zicht
op Wormerveer

Rechts
Zicht op Zaandijk-Wormerveer, vanuit de Kalverpolder

Links
Zicht op Zaandijk-Wormerveer, vanuit de Kalverpolder

Rechts
De Houtwerker, op de Zaanse Schans

Hier zet
koffie en
over de

men

Herman Vuijsje in gesprek met bewoners
van de Zaanstreek,
met foto's van Ellen Altenburg

Zaan

Neem de verneemstok en wandel

'Hier zet men koffie en over de Zaan.' Het verhaal over het veerhuis annex café aan de Zaan, met deze tekst op het uithangbord, was alles wat ik over de Zaanstreek wist. Een verhaal dat niet eens waar was: mijn Nederlandse leraar gebruikte het als voorbeeld van een foute zinsconstructie. Om de zin nog mooier te maken, wordt de caféhouder annex kroegbaas soms ook nog als schurk en scharensliep voorgesteld:

'Hier zet men koffie en over de Zaan, klanten af en messen aan.'

Dat was het. Zoals veel Amsterdammers kende ik de Zaanstreek nauwelijks van eigen waarneming. Tot ik in 2003 het Noordzeekanaal overstak om een bijdrage te schrijven voor een boek over de Zaan. De titel, *Mooi Zooitje*, spreekt voor zich: ik raakte gecharmeerd van de onnavolgbare mix van oud en nieuw, hout en beton, stad en dorp, chic en volks – alles door en naast elkaar.

Er was iets raars aan de hand met dat zooitje aan de Zaan, vond ik. In heel Nederland zie je het verschil tussen stad en platteland langzamerhand verdwijnen. Alles gaat op elkaar lijken – ons landschap wordt een soort grijze totaalmix van woonwijkjes, recreatiebosjes, bedrijventerreintjes en natuurgebiedjes met wat villaatjes ertegen. Daar schrijf ik vaak over, en daar maak ik me dan boos over.

Maar het gekke is: als ik door de Zaanstreek loop, blijft die ergernis uit. De vermenging van wonen en werken, natuur, stad en land is er waarschijnlijk sterker dan waar ook in Nederland. Toch lijken de ruimtelijke verschillen daarmee niet te vervagen. Eerder kun je zeggen dat de uiteenlopende identiteiten elkaar op een wonderlijke manier versterken. De Zaan biedt een unieke afwisseling van supergeïndustrialiseerde en juist weer heel dromerige en dorpse gedeelten.

Natuurlijk is het aan de Zaan een rommeltje. En die rommeligheid is vaak lelijk. Als je bij Wormerveer onder de gigantische Menebafabriek doorloopt, of op de Provincialeweg staat te wachten voor de spoorwegovergang bij Koog aan de Zaan, voel je je verdwaald in zo'n verlopen Belgisch industriegebied. Erger nog is de A8, die plompverloren door en over de Zaan is gelegd. De passerende automobilist ziet asfalt en beton; alleen het spitsje van de hervormde kerk in Koog aan de Zaan vertelt hem waar hij is.

Dat is dus allemaal erg genoeg. Hoe komt het dan dat dit rommeltje niet irriteert, maar eerder intrigeert? Op de een of andere manier is aan de Zaan een bijzondere manier van wonen en werken gegroeid, die zijn neerslag heeft in een al even bijzonder ruimtegebruik. De rommeligheid van de Zaan is geen 'verrommeling'. Ze is niet het resultaat van onverschilligheid en verwaarlozing, maar van eerlijke bedrijvigheid door de eeuwen heen.

Als dat waar is, hoe is dat dan in zijn werk gegaan? Hoe is die opmerkelijke afwisseling ontstaan? Waardoor is ze behouden gebleven? Wat is de waarde ervan en wat kunnen we doen om die te behouden, nu Zaanstad ambitieuze plannen uitvoert als het Zaanoeverproject en Inverdan?

De beste manier om op die vragen een antwoord te vinden, leek mij om wandelschoenen aan te trekken en 'met de verneemstok rond te gaan'. Ook Ellen Altenburg, fotograaf, hing een rugzak om en liep met mij mee. Een aantal markante Zaankanters was zo vriendelijk ons op die wandelingen, soms ook vaartochtjes, te vergezellen om als gids en vraagbaak op te treden. Ik benaderde daarvoor mensen die 'groos' zijn op de Zaan en daarvoor uit willen komen. Op die manier kon ik meteen eens kijken wat er klopte van mijn vooropgezette ideeën over de Zaankanters: zijn dat echt zulke botteriken en binnenvetters?

Ik presenteer mijn bevindingen aan de hand van dertien contrasten die je aan de Zaan tegenkomt. Beelden die elkaar op het eerste gezicht uitsluiten, maar die toch blijken samen te gaan in één geheel. Net als in die uitdrukking *Hier zet men koffie en over de Zaan*. Officieel worden daar twee taalconstructies die niet bij elkaar passen, samengetrokken in één zin. Fout dus, maar toch stoort het niet. Sterker: het is eigenlijk heel leuk.

TE LYLE

Midden en rechtsonder Kap van Het Jonge Schaap, molen in aanbouw
Linksonder Papenpadsloot met rechts nieuwbouw in Zaanse stijl en links stadsvernieuwingsgeveltjes

Echt Nep

‘Er wordt hier al vierhonderd jaar zo gebouwd, waarom zouden we daar niet mee doorgaan?’

Het IJ is breed, de Zaan is breed
Wie wil de Zaan bevaren?
Men vindt er molens bij de vleet,
En rijke molenaren
Maar wie de slanke dochters ziet,
Denkt aan de dikke molens niet

Nicolaas Beets, *Zaans liedeken*, 1873

Het was 1873 toen Nicolaas Beets zijn ‘Zaans liedeken’ dichtte, een lofzang op de Zaanse meisjes van die tijd. Beets droomde weg bij de gedachte aan die slanke dochters met hun blauwe ogen en ‘blanke vel’. Ook nu kom je ze als Zaanwandelaar nog tegen, de dikke molens, de rijke molenaren en de Zaanse dochters. De molens zijn fabrieken geworden, de molenaren industriëlen, de dochters bleven zichzelf en zijn nog steeds om bij weg te dromen.

Maar hoe zit het met de huisjes waarin die dochters en die molenaren wonen? Zijn die ook zichzelf gebleven? Dat is nog maar de vraag. Tegenwoordig moet je wel even uitkijken voor je wegdroomt bij de betoverende eenvoud van zo'n strakgroen Zaans geveltje. Voor je het weet sta je te zwijmelen bij een betonnen doos met een stel groene planken eropgespijkerd. Een Beets van onze tijd zou kunnen dichten:

De Zaan is nep, de Zaan is echt
Wie wil de Zaan bevaren?
De huisjes zijn er schoon en recht,
Zoals voor honderd jaren
Maar wie die oude huisjes ziet,
Weet van kunststof en gipsplaat niet

Steeds meer Zaanse architecten en aannemers specialiseren zich in het tekenen en neerzetten van splinternieuwe Zaanse huisjes die op het oog in niets verschillen van gerestaureerde oudbouw. Soms worden daarbij inderdaad beton en gipsplaat gebruikt, maar er zijn ook aannemers die zo veel mogelijk met de oude houtsoorten en technieken werken. In dat geval is er na een paar jaar, als de zaak een beetje is verschoten en verweerd, eigenlijk geen verschil meer tussen een oud en een nieuw huisje.

Of toch wel? Laten we eens proberen een Zaans huis te bouwen waaraan een zeventiende-eeuwse timmerman niets vreemds zou opmerken. Om te beginnen hebben we dan grenenhout nodig voor het gebint – het skelet van zware balken – en de wanden en vloeren. Niet zomaar grenenhout, maar grenen dat minstens tien jaar heeft 'gewaterd' en twee jaar op latten gelegen. Hout van die kwaliteit houdt het makkelijk een paar eeuwen uit. Jan Zegers, die een achttiende-eeuwse huis in Zaandijk bewoont, haalde laatst een grenen wand schoon van zo'n tweehonderd jaar oud. 'Toen ik klaar was zag het er perfect uit. 't Rook nog! Ik zette mijn boor erin en er kwam pure hars uit.'

Maar tegenwoordig is dat goeie uitgewerkte grenen niet meer te krijgen. Hetzelfde geldt voor het vurenhout dat vroeger werd gebruikt om de buitenwand te bekleden. 'Die kwaliteit vind je niet meer,' zegt Han van Leeuwen, ontwerper en restaurateur. 'Wat wij nodig hebben is zo weinig – daarvoor nemen de houtbedrijven niet meer al die moeite van wateren en drogen. In plaats van grenen en vuren gebruiken we nu red cedar. Dat komt 't dichtste bij die kwaliteit van vroeger.'

Han van Leeuwen ontwerpt nieuwe oude huizen. Zijn tekentafel is omringd door vitrines, volgestouwd met draadnagels en scharnieren, toognagels, deurdrukken en worvels. Het ligt er verroest en half vermolmd bij, dit echte spul van vroeger, maar dat zegt niks. Je kunt het allemaal nog in de oorspronkelijke vorm en op de oorspronkelijke manier laten smeden, schaven, hakken en snijden.

Sommige Zaanse aannemers doen dat ook. Ze gebruiken oude instrumenten, bijvoorbeeld een dissel om een balk glad te maken. 'Dat geeft precies het authentieke microreliëf,' zegt architectuurhistoricus Oene Moedt. 'En het gekke is: je ziet dat verschil op grote afstand. Je ziet uit de verte al of een balk machinaal is bewerkt of dat er een bijl aan te pas is gekomen. Het is net als met onze vaardigheid om op grote afstand een mooie vrouw te herkennen.'

In principe zou het dus kunnen, die zeventiende-eeuwse timmerman op het verkeerde been zetten – maar in de praktijk is het meestal onmogelijk en onbetaalbaar. Iedere aannemer en architect die zich bezighoudt met 'historiserend bouwen', moet voor zichzelf uitmaken hoeveel water hij bij de wijn doet om brood op de plank te houden. Voor Han van Leeuwen betekent geloofwaardig historiserend bouwen dat je in ieder geval een Zaans skelet neerzet. 'Liefst in grenen. De gebintconstructie moet altijd opgebouwd zijn uit hout met historische afmetingen, en de verbindingen moeten pen- en gatverbindingen zijn, met toognagels.'

Je kunt bij Van Leeuwen een huis bestellen in de stijl van een bepaalde tijd. Dan tekent hij het ook met alle details van die periode. 'Dus zeventiende-eeuwse ramen en vloeren, korbelen, eventueel met sleutelstukken ertussen, en toognagels tot drie stuks per verbinding aan toe. Verder zoek je naar pannen en stenen die toen werden toegepast – naar kleur, maar vooral ook naar maat. En je moet op de voeg letten: zorgen dat het metselwerk klopt.'

Van Leeuwen is van oorsprong restaurateur en weet dat je bij restauratie altijd sporen vindt uit vroegere bouwperioden. Als hij die aantreft, laat hij ze zorgvuldig intact; zulke restanten horen bij 'het verhaal van het huis'. Maar een nieuw-oud huis mist zo'n verhaal. Tenzij je het zelf bedenkt, natuurlijk. 'Als iemand bijvoorbeeld een negentiende-eeuws huis bestelt, teken ik er altijd een paar "overblijfselen" uit vroeger tijd in, alsof het zo gegroeid is. Anders vind ik 't een beetje saai.' In dit geval gaat er dus geen water bij de wijn, maar een scheut extra wijn bij het water.

Wat Van Leeuwen ook vaak doet, is een oud huis uitbreiden met een aanbouw in oude stijl. Dan krijgt hij het nogal eens aan de stok met Monumentenzorg en de gemeente. 'Die roepen dan: Geschiedvervalsing! Je mag niet aan een monument zitten. Maar er wordt hier al vierhonderd jaar zo gebouwd, waarom zouden we daar niet mee doorgaan? Daar zit niets vals aan. Als je maar oog hebt voor maatvoering, detaillering en materiaalgebruik.'

Met deze kennis in het achterhoofd ben je als Zaanse-geveltjeskijker wel je onschuld kwijt. Wat te denken van Domineestuin in Zaandijk, waar de pieperige beslotenheid van een oud Zaans buurtje op een onovertroffen manier voortleeft? Het is op een paar huizen na splinternieuw opgetrokken, lees ik in het boekje Samen door de Zaan. 'De stijl is gekozen van 1850 tot 1900.' En het prachtige buurtschapje bij de Zuidervermaning in Westzaan, waar ik me een paar weken geleden nog stond te vergapen, zo mooi vond ik het? Net opgeleverd!

Nog zouter wordt het gegeten aan de Papenpadsloot in Zaandam, waar vier Zaanse huisjes verrijzen, getekend door Han van Leeuwen. Niet 'historiserend' maar 'in Zaanse stijl', en dat is heel wat anders. 'Je bouwt dan met eigentijdse materialen een Zaans huis. Dus geen gebint maar moderne houtskeletbouw, standaardkozijnen en moderne dakpannen. Alleen de voorgevels refereren aan de Zaanse houtbouw, met de originele raamindeling en een uitgesneden makelaar als gevelbekroning. Het zijn gevels in de stijl van begin negentiende eeuw. Eigenlijk klopt het niet, omdat ze toen alleen vrijstaand bouwden, maar tegenwoordig is de grond zo duur dat je dan niet meer uit de kosten komt.'

Deze Zaanse huisjes gaan dus echt wel de kant op van pure nep. Heel authentiek daarentegen is het rijtje aan de overkant van de sloot. Daar staat een stel stadsvernieuwingsgeveltjes stijl jaren tachtig, afgewerkt met een oerdroeve Zaansgroene plakpui, onverbloemd lelijk te wezen. Weet je precies wat je hebt. Als ik hier een huisje mocht uitkiezen, doe mij dan maar zo'n neppandje van Han van Leeuwen.

Wat overigens niet wil zeggen dat ik alles maar best vind. Dat realiseer ik me als ik aan de Oostzijde oog in oog kom te staan met een bord waarop bouwproject Klamperhoek staat aangekondigd. Een rij 'herenhuizen' die, eenmaal gebouwd, 'de indruk wekken dat ze er al honderd jaar staan.' Nou, vergeet het! De krengen vertonen wel groen hout aan de buitenkant, maar staan daar straks te detoneren in volkomen uit hun verband gerukte proporties. Ze doen denken aan die enorme Oostenrijkse wintersporthotels, gebouwd in de vorm van nostalgische chaletjes.

Historiserend bouwen, modern bouwen in Zaanse stijl en smakeloze megaherenhuizen – hebben we daarmee alle mogelijkheden van het nieuw-oude Zaanse huisje gehad? Nee, binnenkort komt er nog een variant bij: het nieuwe hotel en het nieuwe stadhuis in het komende stadshart. Sjoerd Soeters ontwierp voor het stadhuis vier Zaanse gevels in een formaat dat Klamperhoek doet verschrompelen tot een stel lucifersdoosjes. Het Inntel hotel van architecten Molenaar & Van Winden, ook niet bescheiden van afmetingen, wordt bekleed met een mozaïek van Zaanse geveltjes in origineel formaat.

Echt of nep? Bij deze groteske gebouwen is die vraag niet van toepassing, om de simpele reden dat ze niet proberen te lijken op iets wat ze niet zijn. Hier wordt de Zaanse bouwstijl niet nagebootst maar op de hak genomen. Het klassieke Zaanse huisje is een simpele schuur met een pronkgevel ervoor, waarin vaak stijlementen werden opgenomen die overal vandaan werden gepikt. In Gortershoek bijvoorbeeld, het gouden randje van Zaandijk, vind je veel houten gevels in Louis XVI-stijl. In zijn stadhuisontwerp vergrootte Soeters die benadering honderd keer – letterlijk, maar ook figuurlijk door complete fantasiegevels in neo-Zaangothiek en -barok te bedenken.

Ook het Inntel-ontwerp met zijn geveltjes-buitenbehang is een vrijmoedig commentaar op het Zaanse huisje. 'Inntel, dat is cult,' schatert wethouder Hans Luiten. 'Dat is zo'n vette knipoog – da's lachen! Maar mijn vader vindt het schaamteloos.'

Worden het 'mooie' gebouwen? Dat niet onmiddellijk, vindt Frank van Dooren, directeur Stad van de gemeente Zaanstad. 'Wel uniek en onderscheidend.' Hij wijst om zich heen, in het stadhuis aan de Bannehof waar we zitten te praten: een en al kleurloze zakelijkheid. 'Dit gebouw is Emmen. Het zou overal kunnen staan. Dat kun je van het nieuwe stadhuis onmogelijk zeggen. Dat zou in een spelletjesprogramma meteen worden geraden. Het is een eigenzinnige keuze en dat past perfect bij de Zaanstreek.'

POELENBURG

Midden rechts Zondagmiddag in Poelenburg

‘Niet te koop lopen met wat je hebt en vooral niet “groos” zijn’

Arm Rijk

Begin een praatje met een wat oudere Zaankanter en het duurt niet lang of Albert Heijn komt ter sprake. Het concern? Nee. De winkels dan? Ook niet. Zelfs niet de man. Nee, het jongetje. Ab Heijn. Appie.

'Ab Heijn was een klasgenoot,' zegt de 79-jarige Ko Keijzer, directeur van een internationaal transportbedrijf.
'Op welke school?'
'School 9. De lagere school in de Stationsstraat in Zaandam. Het waren doodgewone jongetjes, hoor.'

'Ab Heijn zat bij mij in de klas,' zegt ook de echtgenote van schrijver/uitgever Klaas Woudt. 'Een ontzettend aardige jongen. En doodgewoon. Iedereen ging met elkaar om.'

Klaas vult aan: 'En nou doen we of dat bijzonder is, maar dat is niet zo. In de Zaanstreek had je heel weinig verschil tussen rijk en arm, of belangrijk en niet belangrijk.'

Ook een gepensioneerde magazijnmeester bij Albert Heijn die ik in Poelenburg tegen het lijf loopt, begint over Appie. Eerst denk ik dat hij het ironisch bedoelt – dom, want ironie is een Amsterdamse gewoonte. Zaankanters doen niet aan dubbelzinnigheid, ze zijn rechtuit.

'Appie Heijn kwam eenmaal per jaar met z'n vader op de fabriek. Daar kon je gewoon mee praten, heus waar. Het waren gewone arbeiders. Enkel, ze waren hoger. Daarom moest je voor ze werken.'

Het is een heel koor dat *unisono* de lof zingt van de bijna idyllische gewonigheid die heerst aan de Zaan. Opvallende eensgezindheid voor een streek vol dwarskoppen en dissenters. Er is maar één conclusie mogelijk: die Zaankanters zijn met z'n allen apetrots op hun gebrek aan kapsones.

Maar pas op: niet hardop zeggen! 'Ze zijn wel heel trots van binnen, maar ze uiten het niet,' zegt Fokelien Renckens, directeur van het Zaans Museum maar zelf geen Zaankanter. Die trots vindt ze terecht, maar waarom dóén ze er zo weinig mee? 'Moet je kijken wat de Zaan allemaal voor moois in huis heeft! Het kan hier een soort Venetië worden waar het leeft en bruist... dat het zindert!' Ze moet er zelf om grinniken: de zinderende Zaankanter... hij is nog ver weg.

Wethouder Hans Luiten, geboren in Wormerveer, kent de Zaanse gevoeligheden op zijn duimpje. Trots zijn op je gewoonheid, dat is een innerlijke tegenstrijdigheid en dus iets waar je omzichtig mee om moet gaan. 'Als je zegt: wat is het hier lelijk, dan krijg je ruzie. Maar ga vooral niet zeggen: de mooiste stad ter wereld! Een communicatiebureau had voor het herinrichtingsplan Inverdan de leus bedacht: *Inverdan, daar zijn we trots op.* Hou toch op! Dat heb ik persoonlijk tegen moeten houden.'

Met die trots van de Zaankanters zit het heel simpel, zegt Luiten: 'Ze zijn apetrots op hun streek, maar je moet ze niet van hogerhand gaan vertellen hoe fantastisch het allemaal is. Dat maken ze zelf wel uit. En kom vooral niet bij ze aan met het verhaal dat ze trots moeten zijn op iets wat er nog niet is, daar zijn ze veel te nuchter voor.'

Niet te koop lopen met wat je hebt – laat staan met wat je nog niet hebt – en niet 'groos' zijn: het is aan de Zaan een nauw sluitende code. Wie maar een beetje de verdenking op zich laadt van 'grozeghaid' kan – of kon in ieder geval vroeger – een tik op zijn vingers verwachten.

Ko Keijzer vertelt hoe zijn vader, die onder andere hout vervoerde, iedere donderdagochtend naar Bruynzeel reed om de rekening van die week te overhandigen. 'Op de fiets! Want als je met de auto kwam, was 't niet goed. Bij houthandel Dekker kwam hij na de oorlog een keer voorrijden in zijn Morris Minor. Toen werd er meteen gevraagd: Wat moet jij met zo'n auto?'

Hij wijst naar een schilderijtje in zijn kantoor: een man in een lange zwarte jas duwt in de sneeuw een houten kar voort, terwijl een hond eraan trekt. Dat is hem – zijn vader Albert Keijzer, oprichter van het bedrijf. 'Zielig, die hond,' zeiden de mensen wel eens. 'Je moest eens weten hoe hard ik moet duwen,' antwoordde zijn vader dan.

Later ging het van hondenkar naar paardenkar naar T-Ford. In de crisisjaren overleefde het bedrijf ternauwernood. 's Nachts repareerde Albert zelf de auto's. 'Mijn moeder kon amper an kleren kopen,' zegt Ko. Zelf begon hij als chauffeur in het bedrijf. Ook daarvan hangt een foto aan de muur. Hij zit achter het stuur van een vrachtwagen waarvan de cabine nog geplaatst moet worden, even dik ingepakt als zijn vader destijds achter die hondenkar. Tegenwoordig laat hij meer dan honderd trucks rijden door heel Europa.

Voor een dubbeltje geboren, keihard gewerkt, toch een kwartje geworden, maar trouw gebleven aan het duppie. Zulke verhalen liggen aan de Zaan voor het opscheppen. Nog wel – het zijn verhalen uit de twintigste eeuw. De opa van Hans Luiten was een visserszoon uit Elburg die de honger en de armoe ontvluchtte door met zijn botter naar de Zaan te varen. 'Bij Duyvis machinefabriek heeft hij aangelegd en daar is hij aan het werk gegaan.' Hans, geboren in 1964, was de eerste van de familie die kon 'doorleren'.

Ton Komen, directeur van Kuijs Reinder Kakes makelaars, neemt ons mee naar de plek waar zijn geboortehuis stond:

in de schaduw van het enorme Menebacomplex ten noorden van Wormerveer. Destijds was dat de oliefabriek Wessanen-Laan, waar zijn vader werkte als losbaas. 'Je zat hier altijd in de herrie, we woonden pal onder de kopratransportband. Die kopra ging over je hoofd heen, dat ging 's nachts ook door.'

De plek lijkt niet veel veranderd, sindsdien. Een meer 'industriële' aanblik zul je aan de Zaan niet gauw vinden. De weg die kleintjes tussen torenhoge fabrieksgebouwen door loopt. Een wereld die totaal van beton is. 'Vroeger was alles in baksteen,' zegt Ton Komen. 'Dat had nog wel wat.'

Zijn hele familie werkte voor Wessanen. Ook hij was thuis de eerste die kon studeren. Op kosten van de fabriek. De families Wessanen en Laan behoorden tot de doopsgezinde elite die puissant rijk was maar zich ook opstelde als sociaal bewogen patriarchen. Ko Keijzer herinnert zich de laatste 'meneer Laan': 'Heel armoedig, met zo'n jassie aan. Riepen de chauffeurs: Hé joh, kom je ook solliciteren?' Maar intussen hebben die fabrikantenfamilies wel veel betekend voor de Zaanse samenleving, zegt Keijzer. 'Zo'n Honig-Laanfonds bijvoorbeeld – dat soort initiatieven zie je nu niet meer. Die multinationals doen ook wel wat, maar toch minder op plaatselijk gebied.'

Als we met Ton Komen teruglopen naar Wormerveer, worden we ingehaald door een man met een afzakkende spijkerbroek op een roestige fiets. Weer een Zaanse miljonair, zo blijkt. Ton Komen vertelt dat hij huisjes opkoopt en opknapt, maar die daarna niet verkoopt. In plaats daarvan verhuurt hij ze en zo heeft hij een imposant vastgoedbezit opgebouwd.

Wat zeggen de Zaankanters van zo'n rijkaard op een rammelkast? 'Hai heb wel een centje', of: 'Hai is niet helegaar arrem'. En de rijkaards gedragen zich daar ook naar. Zaanse rijken zijn 'stille rijken', zoals schrijfster Carry van Bruggen het trefzeker typeerde. Dat was in 1921, maar het is nog steeds actueel, bedenk ik als Ko Keijzer me na ons gesprek even wegbrengt naar het Zaans Museum. 'Ik zet je hier af,' zegt de transport-tycoon, 'want als ik verder rij moet ik parkeergeld betalen.'

Klaas Woudt wordt wel eens aangeduid als 'opper-Zaankanter' of 'hotemetoot op het gebied van het Zaans'. Als hij dit leest, begint hij te brommen en te sputteren, dat weet ik zeker, want hij vindt zichzelf maar een heel simpel mannetje. Maar het is te laat: het staat al gedrukt. Klaas heeft een stuk of dertig boeken geschreven over de Zaan en het Zaans, en gaat daar op zijn drieëntachtigste rustig mee door. Hoeveel boeken precies tot nu toe? Weet hij niet, hij heeft er geen lijstje van bijgehouden.

Klaas is dus de vleesgeworden Zaanse gewonigheid en heeft over deze en andere eigenaardigheden van de streek zelf veel gepubliceerd. Ook hij is een goede kennis van 'Ab Heijn'. Hij zat weliswaar niet bij hem in de klas, maar wel 'bij de Honigjes en de Duyvis-kinderen. Verder zaten er ook arbeiders- en schipperskinderen in die klas. Dat wás gewoon zo.'

Maar Klaas is te nuchter om niet ook de andere kant van de medaille te zien: 'Intussen waren de feitelijke standsverschillen natuurlijk enorm. Zo heb ik als jongen onderweg naar school meermalen gezien hoe mensen langs het huis van Duyvis kwamen en dan hun pet afnamen. Mevrouw of meneer mocht eens thuis zijn!'

En dan behoorden de Duyvissen nog tot de verlichte doopsgezinde werkgevers die je veel tegenkwam in de oliefabricage en de rijstpellerij. In de houtindustrie was van sociaal ondernemerschap geen sprake. Tijdens de grote houtwerkersstaking van 1929 schreef *De Transportarbeider*: 'Aan de genade van de Zaanse houtmagnaten overgeleverd te zijn, is even erg als in de kost te gaan bij een kannibaal.' De staking duurde een half jaar, waarbij de patroons stakingsbrekers aanvoerden uit de gereformeerde vissersdorpen aan het IJsselmeer. Ten slotte gaven de houtwerkers het op. Van hun looneisen was niets terechtgekomen.

MEYPRO BV
DE-PHENIX

ZAANDAM
ANNO
1913

Midden Ontvangsthal van Flentrop Orgelbouw in Zaandam

‘Zo’n fabriek maakt een beetje lawaai, nou, wat dan nog’

Wonen Werken

‘Hoe veerder van je goed, hoe dichter bai je skaad.’ Hoe verder je van je bezit af woont, hoe eerder je schade zult lijden. Typisch Zaans gezegde.

Zaanse ondernemers woonden eerst in of naast hun molen, daarna bouwden ze hun loods of werkplaats achter hun huis. Toen de werkplaats uitgroeide tot een fabriek, gingen ze ertegenover wonen, naast het pad met de huisjes van hun werknemers. Fabrikanten en arbeiders keken bij elkaar, en bij de fabriek, naar binnen. De 'verwevenheid van wonen en werken', tegenwoordig zo in de mode, is aan de Zaan al eeuwenlang een feit.

De ondernemers zijn intussen vertrokken richting Bergen en Heiloo, naar villa's in de lommerrijke contreien van duin en bos. Maar van de oude woon-werkcombinatie zijn nog mooie voorbeelden te vinden. Zo wordt er midden op het Verkade-terrein aan de Westzijde nog steeds gewoond. Mensen huizen daar te midden van alle lawaai en hectiek van de fabriek – hebben ze altijd gedaan.

Even verderop staat de voorname villa waar Flentrop Orgelbouw domicilie houdt. De entree geeft toegang tot een donkere gelambrizeerde hal met schilderijen en een imposante trap. 'Dit pand is gebouwd als woonhuis voor de heer Dekker, een van de grootste houthandelaren van de Zaan,' vertelt directeur Van Oostenbrugge. 'Hij had zijn werf hier achter het huis. Die reikte helemaal tot waar nu het station staat.' De werkplaats van Flentrop steekt minder ver, maar staat nog steeds achter het woonhuis, dat nu als kantoor dient.

Wie woont in de Zaan, zal zijn werken gedenken. Dat blijkt ook uit de straatnamen die je er vindt. Een greep: Zaagselpad, Blokschaaf en Reischaaf. Papiermakerstraat, Stijfselmakerspad. Jollenmakersweg, Botenmakersstraat en Zeilenmakerspad. Olieslagerspad. Bordwalserstraat. Riemenmaker.

En wie een echt Zaans huis bewoont, zal ook ter plekke de handen uit de mouwen steken. De ingetogen pronk die uit die houten huisjes spreekt, vereist voortdurend onderhoud. De materialen en de bouw kosten niet veel geld, maar wil je het 'schoon en heel' houden, en dat moet in de Zaan, dan kost het je een enorme hoeveelheid werk. Zo'n glanzendgroene gevel met witte windveren en een mooie makelaar erbovenop, zegt dus ook: hier woont iemand die van aanpakken weet.

Zelfs op de Zaan, het kronkelend waterlichaam dat de bewoners zo ter harte gaat, heeft werken per definitie voorrang. Op de binnenvaartroute door Amsterdam moeten de boten wachten tot er weinig verkeer is – pas dan gaat de brug open. Zaanbruggen gaan open wanneer er een boot aankomt. En waar zijn trouwens de roeiboten? De Zaan leent zich voor roeien minstens even goed als de Amstel, maar ik heb er nog nooit een gezien. Er schijnen twee roeiverenigingen te zijn, maar blijkbaar hebben de leden het te druk met werken.

De mix van wonen en werken mag aan de Zaan niets nieuws zijn – om er ernst mee te maken moeten tegenwoordig heel wat barrières worden genomen. Op onze wandeling langs de noordwestoever van de Zaan stopt Ton Komen bij de gigantische veevoederfabriek van Brokking. Het gebouw staat sinds 2000 leeg en heeft daarna gediend als hennepopslagplaats, hangplek, XTC-laboratorium en krakers-kunstatelier.

'We zouden hier graag honderd appartementen bouwen voor ouderen, met alle voorzieningen,' zegt Komen. 'Het is een mooie locatie aan de Zaan, maar het kan niet, want we zitten hier binnen de milieucirkel van industriegebied Noorderveld. Het geluidsniveau gaat met zoveel dBa over de maximaal toegestane normering heen.'

Ook voor andere plekken langs de Zaan liggen plannen klaar die niet kunnen worden uitgevoerd vanwege milieubezwaren. Schiereiland De Hemmes in Zaandijk is een schitterende plek voor 'waterwonen', maar de bodem is er zwaar vervuild en aan de westelijke kant mag niet worden gebouwd vanwege stank- en geluidsoverlast.

Dat is allemaal nog niets vergeleken bij de stagnerende ontwikkeling op de plek waar de Zaan in het Noordzeekanaal uitkomt. Twee projectontwikkelaars en twee woningcorporaties hebben een consortium opgericht, De Zaanse Stelling, om daar woningbouw te realiseren. Maar ook daar gooien milieuvoorschriften vooralsnog roet in het eten. Aan de overkant van het Noordzeekanaal, in het Amsterdamse havengebied, liggen bedrijven als Cargill, Amfert en Eggerding te midden van ruime hindercirkels.

Ko Keijzer schudt zijn grijze hoofd als het onderwerp ter sprake komt. 'Vroeger had je industrie en middenstand en wonen, alles naast elkaar. En nu kan er niks meer! De mensen gaan overal tegenin. Zo'n fabriek maakt een beetje lawaai, nou, wat dan nog.'

BROKKING

ZEEPZIEDER

Hoog

'... de Zaanse variant van de torens van San Gimignano ...'

Op zijn reis door Nederland in 1873 zag de Italiaanse schrijver Edmondo de Amicis 'aan de overzijde van het IJ een warrelende beweging als van talloze scheepsmasten die door de storm op en neer worden geslingerd en beurtelings onderduiken en bovenkomen'. Dat waren de molens van de Zaan.
Zaandam deed hem denken aan een fort met hoge torens, van waaraf de burgers met vertwijfelde gebaren de hulp inroepen van een leger in de verte.
Zaankanters hebben altijd de hoogte gezocht. Hun molens en fabriekspijpen, de torenhoge masten van de schoeners, barken en brikken die ze bouwden en die in hun havens aanmeerden, wezen onbeschaamd omhoog, recht de wijde hemel in.

Laag

Het waren ingenieuze staketsels, waarmee ze de vlakheid van het land doorbraken en zonder terughoudendheid het firmament koloniseerden.

Alles wat hoog en laag is in de Zaan, is door mensen teweeggebracht. De Hogendijk die het IJ moest keren. De heuvels die je tegenkomt in Nauerna en Westerwatering: opgeleukte vuilnisbelten. Ook de diepte van de droogmakerijen die de Zaan omringen, is het gevolg van menselijk ingrijpen: turfafgraving.

Ook de veenweiden in het Oost- en Westzanerveld en het Wormer- en Jisperveld zakken naar beneden door een andere menselijke activiteit. Ze zijn eeuwenlang ontwaterd en bemalen, waardoor het veen is ingeklonken. Tegenwoordig wordt er niet meer zo hard gemalen: Staatsbosbeheer en Natuurmonumenten, de beheerders van deze gebieden, houden het grondwaterpeil hoog. Dat is goed voor de weidevogelstand. Grutto's, kieviten en leeuweriken hoog in de lucht geven de Zaanse hemel er nog een extra attractie bij.

Ook daarvoor is de mens verantwoordelijk. Eric van Gerrevink, boswachter bij Staatsbosbeheer, weet waaraan de hoge aantallen weidevogels uiteindelijk te danken zijn: aan de industrie! 'De essentie van het Zaanse landschap is dat je er niks anders mocht dan boeren, want die molens hadden woei nodig. Daardoor hield je hier een open landschap en daardoor kreeg je al die grutto's.'

Hoe kwamen al die molens eigenlijk aan de Zaan terecht? Door de nuffigheid van Amsterdam. In de zeventiende eeuw golden daar al keuren en regels op 'milieu'gebied. Gevaarlijke en hinderlijke activiteiten moesten buiten de poorten worden gehouden. Industriemolens gaven overlast, werden uit Amsterdam geweerd en weken uit naar de Zaanstreek.

Hetzelfde gebeurde met de houtzaagmolens. Eind zestiende eeuw werd een methode ontdekt om hout te zagen met behulp van windkracht. Het Amsterdamse houtzagersgilde beschouwde dit als broodroof en wist een verbod op houtzaagmolens af te dwingen. Zo vertrokken ook deze molens naar de Zaan om daar een beslissende bijdrage te leveren aan het ontstaan van het eerste industriegebied ter wereld.

Maar zoals dat gaat: 250 jaar later was de Zaanstreek het laatste industriegebied ter wereld dat nog helemaal op wind draaide. Pas na 1850 deed de stoommachine er zijn intree. Begrijpelijk is het wel, dat de zuinige Zaankanters zo moeilijk afscheid konden nemen van de wind. Waar vind je zo'n grondstof? In onbeperkte hoeveelheid beschikbaar, en gratis?

Als extraatje kwam daar nog eens bij dat de fiscus er een centje van meepikte. Piet Kempenaar, molenaar van verfmolen De Kat aan de Zaanse Schans, vertelt: 'Als er een molen werd gebouwd, kreeg de eigenaar een "windbrief" uitgereikt, waarin stond dat hij rond zijn molen recht had op vrije wind in een cirkel van vierhonderd meter doorsnee. De landheer, later de overheid, garandeerde dat daar niet werd gebouwd. In ruil daarvoor betaalde de molenaar windbelasting.'

In 1798 werd dit windrecht afgeschaft. 'Dat kun je wel zien ook,' zegt Piet Kempenaar. 'Meelmolen De Bleeke Dood staat achter een cacaofabriek van dertig meter hoog. En oliemolen De Ooievaar staat met z'n kont in de tijgernootjesfabriek van Duyvis.' Toch lukt het de Vereniging De Hollandsche Molen nog wel eens om nieuwbouw tegen te houden als daarmee het *Lebensraum* van een molen in gevaar komt. Op die manier werd papiermolen De Schoolmeester in Westzaan gespaard voor de bouw van een enorme tennishal, en ging de bouw van een appartementencomplex bij houtzaagmolen De Held Jozua in Westerwatering niet door.

Behalve met molens, silo's en pijpen heeft de Zaanse industrie de hemel nog op een andere manier bestormd. Veel fabrieksgebouwen en pakhuizen beschikken over een bakstenen toren met een uitkragend bovendeel, versierd met kantelen of neorenaissancistische tierelantijnen. Je vindt zulke torens ook wel buiten de Zaan, maar nergens staan er zoveel bij elkaar.

Wat is de functie van die torens? Hebben ze wel een functie? Of zou het kunnen zijn dat die Zaanse ondernemersgeslachten hier in weerwil van al hun doperse soberheid een wedstrijdje doen wie de hoogste heeft? Hebben we hier te maken met de Zaanse variant van de torens van San Gimignano, waarmee adellijke families letterlijk tegen elkaar opboden?

Van alle vragen die tijdens mijn wandelingen door de Zaan bij me opkwamen, is deze misschien het moeilijkst te beantwoorden. Van zeepziederij De Adelaar in Wormerveer is bekend dat de toren, die ook als sokkel dient voor het beroemde adelaarsbeeld, als watertoren is gebouwd. Ook de toren van rijstpellerij Hollandia even verderop herbergde het waterreservoir van de sprinklerinstallatie. Maar waartoe diende de klokkentoren in hetzelfde complex?

En wat was de bedoeling van de toren van rijstpellerij De Vrede aan het Noordzeekanaal? Volgens sommigen omhulde hij een hijsinrichting voor bulkgoederen. Of het klopt, weet ik niet. Het schitterende gebouw is onbereikbaar weggestopt achter de dreigende verbodsborden van een containerterminal met vechthondenbewaking.

De 'beschuittoren' van Verkade is de mooiste na die van De Adelaar. 'Een merkwaardig bouwsel is dat, en zeker niet functioneel te noemen,' schreef Zaankenner Jan Pieter Woudt in zijn *Fotoboek* bij het honderdjarig bestaan van Albert Heijn. Volgens architectuurhistoricus Oene Moedt is de toren in 1906 gebouwd als decoratie, en is er pas later een tank voor de sprinklerinstallatie in gebouwd.

De Verkadetoren hoort bij de vroegere chocoladefabriek die onlangs in gebruik is genomen door spelletjesfabrikant Jumbo. Op een middag kom ik erlangs als wethouder Hans Luiten me vergezelt op een wandeling langs de Westzijde. Luiten is een groot pleitbezorger van de vestiging van 'creatieve industrie' in leegstaande fabriekspanden en kan bij Jumbo dus een potje breken. Zo komt het dat we even later achter elkaar een lange, wankele ladder beklimmen die aan de onderkant wordt vastgehouden door Jumbo-directeur Ronald Pieters. 'Zien jullie wat?' roept hij als we boven zijn aangekomen.

Eerst even niet. Het is donker en stoffig in de torenkamer van Verkade. Als onze ogen gewend zijn, zien we een roestig stalen reservoir waarin ooit water moet hebben gezeten. Hebben we dus toch met een watertoren te maken? Niet echt: in de torenkamer zouden makkelijk vijf van zulke reservoirs een plaats kunnen vinden. De Verkadetoren moet ook bedoeld zijn geweest als donjon van het Verkadekasteel – een symbool van kracht en zelfbewustzijn.

De bouwsels die het meest ostentatief naar de hemel reiken – kerktorens – zijn in de Zaanstreek niet opvallend aanwezig. Logisch, leek me: de Zaan stond immers bekend als de meest onkerkelijke streek van Nederland – ja, van Europa. Al in 1900 wilde meer dan de helft van de Zaankanters niet tot een kerkelijke gezindte worden gerekend, weet Hans Luiten, die behalve wethouder ook historicus is. Maar is dat wel het hele verhaal? Rondwandelend langs de Zaan begon ik me te realiseren dat ik voor een goddeloze streek wel erg veel kerken van alle soorten en maten tegenkwam. Elk dorp heeft minstens één doopsgezinde vermaning, aan hervormde kerken is evenmin gebrek. Aan het Papenpad in Zaandam stuit ik op een oudkatholieke schuurkerk. Het is maar een greep, en vroeger moeten het er nog meer zijn geweest. Alleen al de Zaandammer Westzijde met zijn zijstraten en paden telde meer dan 25 kerken, schrijft Ton Brinkman in het boekje *Samen door de Zaan*.

Twee vragen wachten nu op antwoord. Hoe konden al die kerken er zijn terwijl de meeste Zaankanters niet gelovig waren? En hoe kan het dat je die kerken van een afstand helemaal niet ziet? De eerste vraag wordt beantwoord door Cees van Oostenbrugge, die als directeur van Flentrop Orgelbouw zo'n beetje alle Zaanse kerken van binnen kent. 'Een Zaankanter heeft altijd een eigen mening,' zegt hij. 'Dus áls hij religieus is, dan heeft ie ook een eigen religieuze opvatting.' Zo kreeg je misschien geen grote kerkelijke gemeenten, maar wel véél.

De tweede vraag kan iedereen beantwoorden die iets langer rondneust aan de Zaan. Veel Zaanse kerken zijn schitterende historische gebouwen – maar het is een ingetogen schittering. Doopsgezinden kerkten in sobere houten schuurkerken, hervormden in simpele kruiskerken, katholieken in al even bescheiden schuilkerken. Vaak staan ze iets van de weg af; soms zijn ze praktisch ingebouwd door fabrieksgebouwen.

Imponerende torens passen niet bij dit beeld. Hervormde kerken hebben vaak alleen een houten spitsje midden op het kruis. Doopsgezinde vermaningen hebben helemaal geen toren. Omdat het niet mocht, of van hoogmoed zou getuigen? Nee, zegt een kerkenraadslid van de Krommenieër vermaning dat toevallig aanwezig is als ik er aanklop. Een toren mocht wel, maar klokkenluiden niet. Dus waarom zou je dan een toren bouwen? Dat is alleen maar geld over de balk smijten.

Conclusie? Zaankanters streven naar het hogere maar doen dat liefst zonder uitwendig vertoon. Wil je iets van hun begeestering ervaren, maak dan een tochtje over de Zaan, de plek waar wordt gewerkt en geld verdiend. Je vaart langs de fabrieksgebouwen *Geloof*, *De Hoop* en *Liefde*. Pal voor pakhuis *Herinnering* zag ik de tjalk *Vertrouwen* aanmeren, en iets voorbij *Verwachting* deinde de sloep *Eben Haëzer II* zachtjes op de stroom. Tegen de avond gleed ons de *Deo Volente* tegemoet. Een gezegend geheel.

Linksboven Boven in de kap van de Zuidervermaning in Westzaan

Zaankanters zijn ‘taaietrekkers’...

Oost West

De Zaan is van alles: een rivier, een streek, een taal, een bouwstijl, een mentaliteit. En sinds 1974 een stad: ‘Zaanstad’. Maar klopt die naam eigenlijk wel?

Als je naar de kaart kijkt, zie je dat het grondgebied van Zaanstad niet, zoals je zou verwachten, aan weerszijden van de Zaan ligt, maar voor het overgrote deel aan de westkant daarvan. In het noordelijk deel van de Zaanstreek hoort alles ten oosten van de Zaan zelfs bij een andere gemeente: Wormerland. Net als de gemeente Oostzaan is Wormerland in 1974 buiten de fusie gebleven.

Ook vóór die tijd lag het zwaartepunt van de Zaanstreek trouwens al aan de westkant. In het westen begon het: Assendelft en Westzaan zijn de oudste dorpen: de eerste ontginningen vonden daar al plaats rond het jaar 1000. Het westen was ook het rijkst. Aan Westzaan, met zijn pontificale Regthuys en zijn dorpslint vol voorname woonhuizen, kun je nog goed zien dat daar het geld en de macht van de Zaanstreek zat. 'Hier aan de Zuid woonden veel moleneigenaren en rijke boeren,' vertelt Westzaanse Marian Bruin als ze ons rondleidt in de Zuidervermaning, de doopsgezinde schuurkerk die het zuidelijk deel van Westzaan bediende. 'Veel van hen zetten de kerk in hun testament.'

In Oostzaan was het andersom. Dat was vroeger een arm boerendorp, waarop vanuit de westzijde een beetje werd neergekeken. Zo duurde het een tijd voordat de familie Heijn, begonnen als dorpsgrutters in Oostzaan, door de gevestigde Zaanse families werd geaccepteerd. Jan Zegers noemt als voorbeeld de Verkades. 'Dat was een oude familie met geld. Frans Verkade, die aan de Westzijde woonde, vond het maar niks dat Jan Heijn zijn buurman werd. Dat was maar een parvenu uit Oostzaan.'

De Westzijde was de 'mooie' en rijke straat van Zaandam. Na de industriële opleving van 1850 ontwikkelde zich daar een chique woonboulevard met stenen villa's: de 'Fluwelen Westzijde'. Aan de Oostzijde verrezen vooral fabrieken. 'Je had daar geen belangrijke huizen waar fabrikanten woonden,' zegt makelaar Ton Komen.

Oost en west bleven lang gescheiden door de Zaan. Pas in 1883 kwam de eerste brug gereed, gebouwd door een liefdadige instelling. Tot dan toe waren de Zaankanters om over te steken aangewezen op een twaalftal veerverbindingen. In 1936 werd het geroeide veer bij Zaandijk overbodig door de bouw van de Julianabrug, de eerste Zaanbrug die door de overheid werd geëxploiteerd.

Later volgden de Prins Bernhardbrug, de Wilhelminabrug, de Beatrixbrug, de Prins Clausbrug en de Prins Willem Alexanderbrug. De rode Zaanstreek verbond oost en west onder aanroeping van het koningshuis.

Maar één dorp is nog steeds verstoken van een oeverververbinding. In Knollendam, aan de noordelijkste punt van de Zaanstreek, geldt het *East is east and west is west, and never the twain shall meet.* Want Knollendam bestaat niet. Je hebt Oost-Knollendam en je hebt West-Knollendam. Wie van Oost naar West wil, moet omrijden via Krommenie of Spijkerboor.

Een veer is er ook niet meer. 'Vroeger was er een pontje, op het hoekie bij het plantsoentje,' zegt Rie Bas, die al meer dan vijftig jaar in Oost-Knollendam woont. 'Maar die man was oud en toen is het opgeheven.' Het veer was niet meer nodig. Vroeger werden de kinderen van Oost overgevaren naar het kleuterschooltje in West, maar dat hoeft niet meer. Oost-Knollendam heeft nu zijn eigen school. En zijn eigen begraafplaats, een van de twee begraafplaatsen in Nederland die helemaal door particulieren worden onderhouden. En zijn eigen voetbalclub, Knollendam, die nooit tegen het West-Knollendamse Blauw-Wit uitkomt omdat Blauw-Wit gereformeerd is en dus in de zaterdagcompetitie speelt.

De Zaan is hier ook gemeentegrens. West-Knollendam, met industrie, een nieuwbouwwijk en watertoerisme, maakt deel uit van Zaanstad. Het veel kleinere en dorpse Oost-Knollendam hoort bij de boerengemeente Wormerland, waarmee Zaanstad nogal eens in de clinch ligt. Net als met Oostzaan, het andere dorp dat in 1974 niet wilde samensmelten tot Zaanstad. Sindsdien worden de twee door Zaanstad gezien als een soort ontaarde kinderen.

Wel neemt Oost-Knollendam onder deze afvalligen een bevoorrechte positie in. Niemand twijfelt eraan dat het dorp cultureel gesproken bij de Zaanstreek hoort. Oost-Knollendammers wonen nu eenmaal aan de Zaan; daarom zijn het 'Zaankanters', letterlijk en figuurlijk.

Bij andere dorpen in de afvallige gemeenten is dat niet zo zeker. Binnen Wormerland ligt Wormer aan de Zaan, dus dat hoort erbij. Maar Jisp? Eigenlijk niet. En de oostelijke helft van de Wijdewormer zeker niet. Ook over Oostzaan is het oordeel snel geveld. 'Hoort niet bij de Zaanstreek,' zegt iedereen die ik het vraag.

Maar hoe zit het binnen de gemeente Zaanstad? Mag ieder die daar woont zich ook Zaankanter noemen? Echt niet! Assendelft, formeel deel van Zaanstad, is van de Zaan af gezien een torenspitsje aan de horizon. Bovendien waren de Assendelvers van oudsher katholiek. 'Assendelft is niet Zaans,' zegt Klaas Woudt beslist. 'Ook Westzaan is duidelijk anders. Dat wendt zich af van de Zaanstreek.' Volgens anderen hoort Westzaan er wel bij: een twijfelgeval.

Wie houden we over? Het is een select gezelschap, als we afgaan op het oordeel van Klaas Woudt. In zijn ogen zijn ook Krommenie en Wormer 'niet echt Zaans'. Waaraan hij dat afmeet? Vooral aan de manier van praten. 'Zaankanters zijn "taaietrekkers": alles uitrekken, traag of zelfs zeurderig praten, met een zangertje erin. Een zekere gemoedelijke traagheid.' Punt is wel dat ook de Zaandammers volgens deze definitie door de mand vallen als nep-Zaankanters: 'In Zaandam vind je deze manier van praten niet.'

Als Zaanstad een mannetje was, dan keek dat mannetje, dat lijdt geen twijfel, naar het oosten. Daar ligt de grote stad, daar liggen ook het cultureel en geografisch verwante Waterland en het IJsselmeer. Ook daarom heeft Zaanstad het zo vaak aan de stok met Wormerland en Oostzaan: ze liggen in het blikveld.

Vlak bij het Zaanmannetje liggen ook Beverwijk en Heemskerk, maar daar maakt het nooit ruzie mee. Ze bevinden zich achter zijn rug – hij ziet ze niet. En als hij zich af en toe eens omdraait, ziet hij een landschap dat hem weinig zegt: bos en duin, de zee.

Maar in de toekomst moet Zaanman twee kanten op kijken. Ooit wordt de Amsterdamse Noord-Zuidlijn doorgetrokken naar de Zaan en wordt het gebied tussen Amsterdam en Zaandam, nu nog niemandsland, ontwikkeld. Dan wordt de Zaanstreek de noordwestelijke stadslob van Amsterdam. Maar ook naar het westen toe gebeurt van alles. De noordelijke IJpolders langs het Noordzeekanaal worden tot industriegebied, een ontwikkeling die nog zal worden versterkt als Amsterdam meer industrie- en havenfuncties naar het westen verplaatst. Dan komt een andere nabuurgemeente naderbij: Velsen. Geen gemoedelijk Waterlands dorp, maar een voorhaven en industrieplaats. Net als de Zaanstreek altijd is geweest.

Midden links Tsaar Peterhuisje, Zaandam / *Rechtsonder* Antiquariaat Het Sluisje, Zaandijk

Kosmopolitisch Knus

‘Samen pal staan tegenover de hoge heren van de gemeente’

Oene Moedt, architectuurhistoricus en weidevogelfotograaf, was vijftien toen hij uit Amersfoort naar de Zaanstreek verhuisde. Hij ging er naar het Zaanlands Lyceum aan de Westzijde en kan nu nog opgewonden raken als hij terugdenkt aan het scheikundelokaal. Vanwege de les? Nee, om het uitzicht!

'De school was gedeeltelijk over de Zaan heen gebouwd, die hoorde je onder je klotsen. Als ik naar buiten keek, zag ik de grote fabrieken van Albert Heijn en Simon de Wit, maar ook pakhuizen met namen als Saigon en Birma. De wijde wereld, die concentreerde zich hier aan de Zaan.'

Ook ik raakte op mijn wandelingen langs de Zaankant onder de indruk van alle plaatsnamen die ik las op pakhuizen en fabrieken. Hamburg, Koningsbergen en Batavia. Donau, Riga, Java, Bergen. Sommige moest ik opzoeken: waar ligt Memel? Bassein? Er stond geen uitleg bij: blijkbaar wist iedereen aan de Zaan dat Memel in Litouwen ligt en Bassein in Beneden-Birma.

Maar die onmiskenbare wereldwijsheid imponeerde me niet alleen – ze verbaasde me ook. Misschien komt het doordat ik niet in Amersfoort woon, maar in Amsterdam. De Zaanstreek komt op me over als een groot, gemoedelijk dorp, waar de mensen zich niet druk maken, elkaar allemaal kennen en hun huizen hebben aan stille straten en paden die vaak doodlopen in het veen. Hoe valt die dorpse kneuterigheid te rijmen met die imposante internationale en maritieme traditie?

Ook buitenlanders die de Zaanstreek bezochten, werden getroffen door die onwaarschijnlijke combinatie. 'Er hangt een sfeer van opgewektheid en frisheid,' schreef Edmondo de Amicis in 1873, 'en hoewel Zaandam een rijke en drukbevolkte stad is, lijkt het wel een dorp.' Twee jaar voordien was Claude Monet al even gecharmeerd geraakt van die huisjes en de molens aan de Zaan. De Franse impressionist vond de sfeer zo 'amusant' en de mensen zo sympathiek dat hij er vier maanden bleef hangen.

Ook tsaar Peter de Grote kreeg in 1697 te maken met de 'dorpse' kant van de Zaan – maar dan op een minder amusante manier. Overal waar hij zich vertoonde werd hij door een enorme mensenmenigte aangegaapt en gevolgd. Toen de straatjeugd hem met pruimenpitten bekogelde, hield hij het voor gezien en nam de wijk naar Amsterdam. Hij had precies een week in het beroemde Tsaar Peterhuisje doorgebracht.

Dat was trouwens nog lang, vergeleken bij de Zweedse zangeres Sigrid Arnoldson. In 1904 gaf zij een recital in het fameuze café Suisse aan de Dam. Destijds wereldberoemd, was ze gewend voor een publiek in avondkostuum op te treden, maar de Zaankanters waren in hun gewone kloffie komen aanzetten. Na een paar minuten stapte ze boos van het podium af.

Bij alle contacten over de hele wereld bleef de Zaanstreek dus op een bijzondere manier zichzelf. De grote bedrijven die er opbloeiden, waren Záánse bedrijven, gedreven door Zaanse ondernemersgeslachten. Flentrop Orgelbouw bijvoorbeeld is actief in Tokio, New York, Armenië, Mexico en Taiwan, maar zit nog in hetzelfde pand aan de Westzijde waar H.W. Flentrop al in 1923 zijn orgels bouwde.

Ook transportbedrijf Albert Keijzer is nog een echte Zaanse firma. Het adres luidt: Albert Keijzerstraat 1, alle aandelen zijn in bezit van de familie Keijzer en de directeur is Ko Keijzer. Hij is zo'n bedaarde Zaankanter die op een vanzelfsprekende manier dorpsheid en wereldwijsheid in zich weet te verenigen.

Toch is Ko Keijzer niet vrolijk over de internationalisering die nu gaande is. Dat steeds meer van zijn klanten in buitenlandse handen raken, doet hem pijn. 'Daardoor krijgen wij iedere keer met andere mensen te maken. Zo'n nieuwe logistiek manager – vroeger heette dat een expeditiechef – houdt geen rekening met wat je in het verleden hebt opgebouwd. Daardoor raken we oude, vertrouwde klanten kwijt vanwege heel kleine prijsverschillen.' Als voorbeeld noemt hij oliegigant CrokLaan, sinds kort Maleisisch.

Trokken de Zaankanters vroeger naar Riga, Batavia en Bassein om daar hun molens en fabrieken te bevoorraden, nu lijken de rollen omgekeerd: de wereld komt naar de Zaan om daar fabrieken over te nemen. Honig werd deels Belgisch, deels Duits. Verkade werd opgeslokt door de Britse koekgigant United Biscuits, Gerkens cacao door het Amerikaanse Cargill, Duyvis door Sara Lee, ook Amerikaans. Forbo in Krommenie maakt linoleum onder Zwitserse vlag. De gigantische rijstsilo van Lassie domineert de *skyline* van Wormer als vooruitgeschoven post van de Spaanse Grupo SOS.

Als de nieuwe bewindvoerders uit Madrid een kijkje komen nemen bij Lassie, dan hoeven ze geen tolken mee te nemen. Veertig jaar geleden zijn er ook al Spanjaarden naar het bedrijf gekomen. Om er te werken – en sommigen werken er nog. De Zaanstreek was een van de eerste gebieden in Nederland waar 'gastarbeiders' werden aangetrokken. In 1960 verschenen de eerste Italianen bij Wessanen, in 1963 Spanjaarden bij Bruynzeel, Verkade en Lassie.

Daarna duurde het niet lang of bij Bruynzeel stonden de eerste Turken aan de deurenpers. Ook Albert Heijn,

Eurometaal, Forbo en Honig namen Turken in dienst. De meesten van hen vestigden zich in Poelenburg, een nieuwe wijk in Zaandam-Zuidoost die net in die periode gereedkwam. Poelenburg onderging hetzelfde lot als Amsterdam-Zuidoost: onbedoeld kreeg het een steeds nadrukkelijker allochtoon karakter. In de jaren zeventig genoot Poelenburg een reputatie van verloedering en vandalisme en in 1985 werd het door Den Haag tot probleemgebied verklaard.

Tegenwoordig is 56 procent van de bevolking er van buitenlandse herkomst, van wie het overgrote deel Turks. De wijk is door alle aandacht weer wat opgekrabbeld, maar kampt nog steeds met schooluitval en werkloosheid. In de garages onder in de flats is een omvangrijke grijze en zwarte economie opgebloeid. Misschien komt het daardoor dat 'Turkenburg' sinds jaar en dag dé plek is waar Zaandam op Koninginnedag de vrijmarkt viert.

Ooit kende Zaandam ook een 'Italiaanse flat', maar de Italiaanse gastarbeiders zijn al lang in de bevolking opgegaan. Verder is er een 'Russische buurt', maar die heet alleen zo omdat het Tsaar Peterhuisje er staat en de straten er naar Russische tsaren en schrijvers zijn genoemd.

Toch kent de Zaan één buurtje dat in etnisch opzicht nog afwijkender is dan Poelenburg – je moet er alleen even naar zoeken. Weggedoken in de Zeeheldenbuurt II in Wormerveer-Noord staan sinds 1962 56 woningen voor Molukkers, destijds afkomstig uit opvangkampen elders in Nederland. Het is nog steeds een buurtje met een sterk eigen karakter, doordat de bewoners koppig vasthouden aan het ooit toegezegde recht om vrijkomende woningen aan mensen uit de eigen groep toe te wijzen. Samen pal staan tegenover de hoge heren van de gemeente; opkomen voor je eigen buurtje. Zaanser kan het niet. Ook de Molukkers van Wormerveer zijn internationaal én dorps.

Linksboven Werkplaats Flentrop Orgelbouw / *Rechtsboven* Het Jonge Schaap, molen in aanbouw / *Midden en rechtsonder* Lassie, Wormer

Nieuw Oud

‘Je staat ervan te kijken wat je als burger kunt tegenhouden als je genoeg power hebt’

‘Weet je waarom Grupo SOS ons heeft gekocht? Omdat we zo vernieuwend zijn! Kijk maar om je heen.’ Gerrit Schuurman stoot ons grinnikend aan. Dat gaat trouwens vanzelf, want we staan opeengepakt in het oudste en kleinste liftje van de hele Zaanstreek. Het is bijna honderd jaar oud en voert ons omhoog in een van de grootste en hoogste gebouwen van de Zaan: de silo van Lassie in Wormer.

Schuurman is hoofd facilitaire dienst en coördineerde in 1998 de grootscheepse restauratie van het Lassiecomplex. Restauratie? Als je de silo ziet staan, lijkt het een modern gebouw. Maar het werd neergezet in 1913 en prijkt net als de rest van het complex op de monumentenlijst. De silo staat nog zo stevig overeind dat restaureren goedkoper was dan nieuwbouw.

Het liftje is beroemd. De Arbodienst maakt er wel eens problemen over, maar die worden altijd opgelost. Tot Schuurmans genoegen, want hij stelt er een eer in het oorspronkelijke karakter van het gebouw zo veel mogelijk te bewaren. 'Bij zo'n restauratie ga je uit van het gebouw en vraag je je af: hoe kan ik daar een installatie in krijgen die voldoet aan alle eisen en de nieuwste technologie?'

Boven in de silo aangekomen, zien we dat hij is onderverdeeld in 26 enorme rechtopstaande containers. Dat valt een beetje tegen, want eigenlijk had ik me één gigantisch rijstpakhuis voorgesteld, te vergelijken met het geldpakhuis van Dagobert Duck, en even uitnodigend om een duik in te nemen. Al gauw dalen we weer af, want Schuurman wil ons zijn grootste trots laten zien: de rijstkokerij, ondergebracht in een gebouw uit 1899. Hij voert ons naar een traditionele fabriekshal met industriële ramen en gietijzeren steunpilaren. Daartussenin een grote installatie met buizen en ketels. 'Hier hebben we een ultramoderne kokerij ingebouwd.'

Lassie is geen uitzondering aan de Zaan. Veel ondernemers die in historische gebouwen zitten of zich daar vestigen, voelen zich prettig in die omgeving en doen hun best om die in stand te houden. Zo veranderde Jumbo niets aan de bovenverdieping van de vroegere Verkadefabriek, toen het daar in 2006 zijn intrek nam. De spelletjesmakers doen hun werk nu op dezelfde vloer en tussen dezelfde betegelde muren als eertijds de chocolademakers.

Maar voor de echte tijdmachine-ervaring moet je vanaf Jumbo de Westzijde oversteken, aanbellen bij de orgelmakers van Flentrop en doorlopen naar de pijpenmakerij. Hier lijkt sinds de oprichting van het bedrijf in 1903 nauwelijks iets veranderd. Op een houten schap liggen blokken ruwe tin en andere metalen gereed om tot de juiste legering te worden samengesmolten. Potten en pannen staan opgestapeld bij een vuurplaats; het smelten gebeurt op een houtvuur. Op een tafel ligt een stapel platen klaar om tot pijpen te worden gebogen en gesoldeerd.

Toch is het niet waar dat de tijd hier heeft stilgestaan. Vóór de oorlog zag deze werkplaats er heel anders uit. Minder ambachtelijk. 'Moderner.' De orgelpijpen werden toen *prefab* aangeleverd. Pas in 1951 besloot Flentrop het hele proces in eigen hand te nemen en te gaan bouwen volgens klassieke maatstaven. 'Collega-orgelbouwers lachten ons uit,' vertelt directeur Van Oostenbrugge. 'Die zwoeren toen allemaal bij de moderne aanpak: je gaat toch niet opnieuw met paard en wagen rijden? Maar intussen hebben ze onze methode allemaal overgenomen, voor zover ze het gered hebben.'

Historisch besef mag wijd verbreid zijn onder Zaanse ondernemers – er wordt ook wel eens een plannetje gesmeed dat korte metten maakt met iets ouds. Maar dan zijn er nog altijd de Zaankanters zelf. 'Het sterft hier van de historische verenigingen,' zegt Fokelien Renckens van het Zaans Museum. 'En je hebt duizenden stichtingen. Die gaan er echt vóór liggen als iets ze niet bevalt.'

Een sterk staaltje werd onlangs geleverd door de stichting Zaan & Dijk, die opkomt voor het behoud van historisch Zaandijk. Op het vrijgekomen terrein van mayonaisefabriek Van Wijngaarden was een volstrekt detonerend appartementencomplex gepland. Het bewonersprotest was zo effectief dat de gemeente het plan afkeurde.

'Dat nieuwbouwcomplex zou zeven meter de Zaan in zijn gekomen,' snuiven Jan en Riet Zegers, behorend tot het activistenlegioen van Zaan & Dijk. 'Ze wilden zeven meter stelen van de Zaan!' Intussen zijn ze zelf ook een beetje verbaasd over het resultaat van hun acties: 'Je staat ervan te kijken wat je als burger kunt tegenhouden als je genoeg *power* hebt.'

Vincent van Luit, directeur van woningcorporatie Parteon, kan daarvan meepraten. Een paar jaar geleden was Parteon betrokken bij een plan om de oude zoetwarenfabriek van Klene te vervangen door woningbouw. Ook dat voornemen werd onder druk van stichting Zaan & Dijk afgeblazen. Onbegrijpelijk, vindt Van Luit. 'Het was alleen maar de bedoeling om die fabriek terug te bouwen als wooncomplex met hetzelfde bouwvolume. In feite zorgde het plan voor een gelijke ruimtelijke invulling. Maar dat mag blijkbaar niet meer. Dat wordt dan meteen afgekeurd door zo'n stichting.'

Voor Achter

'Geweldig, dat rommeltje aan de overkant'

Riet Zegers woont al haar hele leven aan de rivier. Ze groeide op aan de Lek in Schoonhoven en streek later met haar man neer in Zaandijk. Maar wat een verschil! Schoonhoven moest vaak hermetisch van de rivier worden afgesloten, als die weer eens woest tekeerging. De Zaan is een brave veenstroom die compleet is onderworpen aan de behoeften van de bewoners.

In Schoonhoven had je ook brede, grazige uiterwaarden: 'Elke liefde eindigde of begon aan de Lek.' Probeer dat maar eens aan de Zaan, dan kun je lang zoeken. Nergens is zelfs maar een parkje aan het water te bekennen. 'Niemand is blijkbaar op dat idee gekomen,' zegt Riet Zegers. 'De Zaan is echt een werkrivier. Het water wordt er ongelofelijk intensief gebruikt, zelfs intensiever dan in Venetië, want hier zijn de fabrieken direct aan de rivier gebouwd, in Venetië niet.'

Zoenen aan de Zaan kun je dus vergeten. Zitten aan de Zaan ook. Dat is het voorrecht van arbeiders met lunchpauze. Als je een vaartochtje maakt, zie je ze genieten van hun boterhammen, zij aan zij op een betonnen richel of uitsteeksel van zo'n gigafabriekswand die tegen de rivier is aangeplempt.

Een wandelingetje maken met Zaanzicht? Is alleen weggelegd voor wie de streek goed kent en dus zijn weg vindt naar de notabele Prins Hendrikkade in Zaandam, de Notenlaan in het verlengde daarvan langs de Vissershop, en de Havenstraat daartegenover met zijn in dorpsheid verzonken Delftse Rij.

Verder naar het noorden heeft Wormerveer een aardig straatje aan de Zaanbocht, maar veel stelt dat nog niet voor, vindt Gerrit Schuurman, werkzaam bij de daartegenover gelegen Lassiefabriek. 'Je kunt daar nu nauwelijks lopen, het is vooral voor auto's. Je zou daar een prachtige Zaanpromenade kunnen maken.'

Het zijn niet alleen fabrieken die de Zaan aan het oog onttrekken. Op andere plekken is de Zaanoever geprivatiseerd door achtertuinen of aanbouwsels van woningen aan de dijk. Zelfs de beide Knollendammen hebben niet alleen elkaar, maar ook de Zaan de rug toegekeerd. De oevers zijn er achtertuinen, een vuilnisbelt, scheepswerfjes en een jachthaven.

Aan de Zaan is iets gebeurd wat redelijk uniek is voor een stad of dorp aan de rivier: de oevers zijn er gedegradeerd tot achterkant. Eind jaren tachtig besloot het gemeentebestuur daar een eind aan te maken via het Zaanoeverproject. De industrie moest verhuizen naar bedrijventerreinen en plaatsmaken voor woningbouw. Zo zou de achterkant van de stad tot voorkant worden.

Maar wás de Zaan eigenlijk wel achterkant? Niet iedereen denkt daar zo over. De inrichting en het gebruik van de Zaanoevers waren zo bijzonder en zo gevarieerd dat 'voor' en 'achter' op een onnavolgbare manier door elkaar lopen. Vanuit het perspectief van transportondernemer Ko Keijzer is de Zaan 'altijd voorkant geweest.' Hij legt uit: 'Alle fabrieken zaten met hun aan- en afvoer aan de Zaankant. Alles ging over het water, aan de straatkant was niks, er waren nog geen auto's.'

Na de oorlog werd het wegverkeer belangrijker, dat werd de ondergang van de meeste houthandels. 'Van de 25 houthandels zijn er nog drie over. Ze hielden het niet vol doordat ze onbereikbaar waren voor auto's.' Toen pas werd de Zaan volgens Ko Keijzer tot achterkant: doordat de bedrijvigheid er verdween.

Nog weer anders ziet de Zaan er uit door de ogen van de gelukkigen die een huis aan de rivier bewonen. Wat is dan voor, wat is achter? Veel Zaanoeverhuizen hebben aan beide zijden een 'mooie kant'. Restaurateur Han van Leeuwen treft vooral aan de straatkant nog oude elementen in de gevels aan. 'Voorbijgangers keken toch niet omhoog, dus dat lieten de eigenaars vaak maar zitten. Maar de gevels aan de Zaankant werden dikwijls helemaal aangepakt, want die zag je vanaf het water van onder tot boven.'

Aan de Zaankant bevond zich ook de voorname 'Zaankamer' of, als hij op de verdieping was, de 'luchtkamer'. Nog chiquer was een compleet 'luchthuis', een langwerpige smalle schuur naar de Zaan toe, die toch heel wat leek met een minihalsgeveltje ervoor en een guirlande erop geschilderd. Schuin afgeplatte of halfronde ramen op de hoek, en je hebt geen schuur meer, maar de tuinvleugel van een waterpaleisje.

Of de lucht in het luchthuis altijd even aangenaam was, is overigens de vraag. Dertig jaar geleden, toen Jan en Riet Zegers aan de Zaan kwamen wonen, stonk het water nog behoorlijk en zaten er ratten in. Ieder had zijn riool boven de Zaan hangen en de tuinen liepen 's winters onder. Je echte mooie tuin was traditioneel de 'overtuin', binnendijks gelegen aan de overkant van de straat.

De ruimte aan de Zaankant werd in toenemende mate benut voor het aanbouwen van luchthuizen, theehuizen en 'goedjaarsenden'. Over de populaire uitleg van dat laatste begrip – dat een koopman zo'n uitbreiding bouwde als hij een goed jaar had gehad – kan Han van Leeuwen zich behoorlijk opwinden. 'Dat verhaal is de grootste flauwekul! Als je in de belastingboeken kijkt, zie je dat er iets werd aangebouwd als een huis werd verkocht of overgedragen op de volgende generatie.' Volgens anderen bouwde je een

goedjaarsend om een vrouw te lokken, of een nieuwe vrouw te huisvesten.

Aanvankelijk dienden de meeste uitbreidingen in ieder geval het woongenot, zegt Han van Leeuwen, maar vanaf midden negentiende eeuw werd dat anders. Mensen gingen stenen loodsen neerzetten achter hun huis, en die gebouwen werden steeds groter. Vijftig jaar later waren grote delen van de Zaanoever veranderd in een fabriekswand.

Bij al die veranderingen bleef één ding constant: de Zaan vormde de ruggengraat van de streek. Met de overgang van water- naar wegtransport kwam dit gezichtsbepalende karakter van de rivier voor het eerst in gevaar. Het Zaanoeverproject, waarvoor stedenbouwkundige Teun Koolhaas in 1989 de basis legde, is een ambitieuze poging om de Zaanoevers door nieuw- en vernieuwbouw als fysieke en culturele ruggengraat te behouden.

'Wil je dat bereiken, dan moeten de topografie van de Zaanoevers en de structuur van de bebouwing je manier van bouwen bepalen,' zegt Oene Moedt, die zijn doctoraalscriptie over dit onderwerp schreef. 'Dan krijg je afwisseling. Het betekent ook dat je levensvatbare industrie stimuleert om te blijven, en andere naar elders laat verhuizen, zodat je die ruimte kunt gebruiken voor nieuwe functies. Verder moet je openbare ruimte realiseren langs de Zaanoevers. Dat is het enige aspect dat gedeeltelijk is mislukt: de openbare ruimte aan de Zaan is te versnipperd.'

Om die uitspraak kracht bij te zetten, neemt Oene Moedt me mee op een wandeling langs plekken waar het wel en waar het niet goed is gegaan. Eerst lopen we langs de Zaanwerf, de bekroonde nieuwbouw aan de oostzijde van Zaandam. De gebouwen staan pal aan de Zaan, maar je kunt toch langs de rivier wandelen over een trottoir op palen dat ervoor langs is gelegd. 'Mooi!,' zegt Oene. 'En het heeft iets democratisch: de oever is voor iedereen toegankelijk.'

Ook over de andere kant van het complex, aan de straat, is hij enthousiast. 'Kijk, de doorgangen vanaf het water zijn zo gemaakt dat ze in het verlengde liggen van de bestaande paden. De architecten hebben bij hun ontwerp dus rekening gehouden met de oude gloppen, de plekken waar je tussen de bebouwing door kunt kijken.'

Ook op het Zaaneiland, waar we twintig minuten later rondstappen, is een hoop moois te zien. We bellen aan bij vrienden van Oene die een schitterend huis bewonen met directe toegang tot het water van de Oude Haven. Maar dat is het nou juist! De openbare ruimte is er hier bekaaid van af gekomen. 'Ze hadden hier een kade met steigers moeten maken,' zegt Oene. 'Dan was het niet alleen een wooneiland geworden. Dan werd er geprutst en gezaagd, net als het gerommel van vroeger. Kijk naar het KNSM-eiland in Amsterdam, hoe mooi dat kan zijn. Nu is het Zaaneiland een middenklassereservaat in verschillende gradaties van welvarendheid.'

Aan de overkant van de Houthaven zien we ze wél liggen, de bootjes en botters, verroeste sleepboten en pieremachochels. Erbovenuit torent de Houtwerker, het roemruchte beeld van de Zaans-Amsterdams-Joegoslavische beeldhouwer Slavomir Miletic. De creatie is één bonk gedrevenheid en onverzettelijkheid, die merkwaardig goed past bij de verzameling ongeregeld aan zijn voeten.

'Geweldig, dat rommeltje aan de overkant,' zegt Oene Moedt. 'Zie je nou dat zo'n uitgewogen ensemble als het Zaaneiland heel on-Zaans is?'

Linksboven Sluishuisje bij de Dam, Zaandam / *Rechtsboven* Hans Groenland
Midden links In het Jisperveld

'Na vijftig meter landt er bijna een grutto op de punt van je kano'

StadLand

Nergens in Nederland lopen stad en land zo onnavolgbaar in elkaar over als in de Zaanstreek. In het allerstedelijkste deel, aan de Dam in Zaandam, zag ik een straatnaambordje dat uitdrukkelijk naar het platteland verwees: 'Dampad'.
Maar loop je even door, dan sta je voor de 'Dampadsteeg' en voel je je dus weer midden in de stad.

En wat de straatnamen suggereren, geldt in werkelijkheid ook. Geen enkele stad in Nederland biedt zoveel doorkijkjes naar het open land rondom. Er is zelfs één plek waar je – over rivier, weg en spoor – naar beide kanten een compleet vrij uitzicht hebt. Bij gemaal 't Leven tussen Wormerveer en Zaandijk kijk je naar het oosten uit over de Kalverpolder, naar het westen over het Guisveld.

Het ziet er heel natuurlijk uit, dit dubbele panorama vanuit de Zaanstreek op zijn smalst, maar het had er ook heel anders bij kunnen liggen. De unieke 'stadlandelijkheid' van de Zaan is spontaan gegroeid, maar om er iets van te behouden zijn doelbewuste inspanningen nodig. Onder druk van protestacties werd begin jaren tachtig op het nippertje het plan afgeblazen om in het Guisveld het nieuwe hart van Zaanstad te bouwen. Alleen de zuidoostelijke hoek werd een nieuwe stadswijk.

Momenteel is het de Kalverpolder die onder druk staat. Een heel stuk daarvan is al door een projectontwikkelaar gekocht, hebben Jan en Riet Zegers gehoord. Een ander gevaar is dat deze oude vaarpolder 'verruigt' doordat hij niet meer geschikt is voor het agrarisch bedrijf. De laatste twee boeren hebben er onlangs de brui aan gegeven, maar een serie plaatselijke stichtingen en organisaties heeft de handen ineengeslagen om de polder toch open te houden. Er is een boer aangezocht om een aantal percelen weer in exploitatie te nemen, bijgestaan door een ploeg van vijftig vrijwilligers.

Klaas Woudt kent de Zaanstreek nog zoals die er voor de oorlog bij lag. Als hij nu rondkijkt wordt hij daar niet vrolijk van. 'De landbouw is voor negentig procent weg. De Zaanse polders zijn kleine landjes waar je geen grote stallen en installaties kwijt kunt. De landbouw was daarop ingesteld. Maar nu! De kleuren veranderen en worden fletser. Het landschap verruigt.'

Na een onweer waren er vroeger soms koeien in de wei door de bliksem getroffen, vertelt hij weemoedig. 'Maar kijk nu eens in het Jisperveld. Vroeger had je daar vijftien vaarboeren. Nu is er nog één over. Verder staat daar een gigantische modelboerderij van Natuurmonumenten met een halfzacht natuurgebied dat plasdras is gezet voor de vogeltjes en de Schotse hooglanders. Maar fatsoenlijke melkkoeien, ho maar.'

De Schotse hooglanders blijken Limousinkoeien te zijn, vierhonderd in getal, hoor ik op een vroege ochtend van Hans Groenland, beheerder van de boerderij die Klaas bedoelt. De stal is inderdaad enorm van afmetingen, maar het is ook een ouderwetse 'potstal': de mestlaag groeit aan tot wel een meter hoog. Ze zijn net bezig de mest uit te scheppen en uit te varen. Op een praam liggen grote stapels te dampen in het ochtendlicht.

We stappen in de boot en varen het veld in om de ronde te maken. Koeien tellen en kijken of alles in orde is. Loodkleurige wolken hangen laag en filteren de opkomende zon tot een witte schijf, waardoor het veld nog wijder lijkt. Gigantische fabriekscomplexen achter ons, met in de verte de pluimen van de Hoogovens, eindeloos lijkende leegte vóór ons.

Het Jisperveld bestaat uit meer dan honderd percelen, gemiddeld anderhalve hectare groot. De Limousins staan dus in plukjes verspreid te grazen. Dat vereist een uitgekiende logistiek om de vijf stieren die voor nageslacht moeten zorgen, op het juiste moment op het juiste eilandje te krijgen. Groenland werkt hier al meer dan twintig jaar en kent zijn stieren door en door; hij heeft ze zelf uitgezocht in Frankrijk. 'Al deze vaarzen zijn nakomelingen van Nicaragua,' wijst hij, 'onze oudste stier. Die vaarzen gaan dan later weer in de wei bij Ski.'

We leggen aan bij het landje waar Ski, vijf jaar oud, een stuk of tien koeien gezelschap houdt. 'Ski is qua indek de beste stier die we hebben,' zegt Groenland. En alsof hij het gehoord heeft... zodra hij ons ziet aankomen, voegt Ski de daad bij het woord. Imposant, met gekromde en gespannen rug, bestijgt hij zijn 'vriendin van de dag', een koe die tochtig is. 'Zo'n dag trekken ze ook samen op, ze zijn dan echt vriend en vriendin en liggen bij elkaar,' zegt Hans. Ze begint Ski te likken. 'Maar morgen is het weer over. Meestal staat Ski alleen.' Ulysse blijft op afstand als we bij hem aanmeren. Ook hij is in de kracht van zijn leven: 's winters in de stal kan hij wel vijftig koeien dekken. Maar nu staat hij steeds maar bij een koe of wat. Het lijkt hem niet te deren: 'Ulysse is heel mak. Daar worden ze ook op gekocht: kwaaie stieren kunnen we hier niet hebben.' Natuurmonumenten-stieren moeten dus van die moderne metromannen zijn: macho en toch meegaand.

'Maak de stad stadser en houd de dorpen dorps' is het credo waarmee Zaanstad de stedelijke herstructurering wil aanpakken zonder zijn traditionele stadlandelijkheid op te geven. Wat dat dorpse betreft zit het in het Wormer- en Jisperveld wel snor. Het beheer door Natuurmonumenten kost handenvol geld – dat is een probleem – maar bouwplannen zijn er niet.

Oost-Knollendam, het dichtstbijzijnde dorp, ziet er ook niet uit alsof het ieder moment door de stad kan worden verslonden. Rie Bas kijkt vanuit haar achtertuin rechtstreeks het Jisperveld in. Knollendam is dorps, zegt ze, maar het is niet dezelfde dorpsheid als vroeger. 'Vroeger had je hier op het dorp en aan de dijk zeventien, achttien boeren – die zijn allemaal weg. Nu krijg je steeds meer import.' Ze merkt het aan haar krantenwijk (Rie is al jaren met pensioen maar kan niet stilzitten): ze brengt Het Parool en de NRC rond en dat zijn nu al zeventien stuks!

Wat ook verandert, is Pinksterdrie. Dat is een echt Zaanse gewoonte: op 'derde Pinksterdag' was het zondag en hing je de was niet buiten. Dan had je vrij en ging je naar Purmerend. 'Zogenaamd om een bokkie te kopen, maar in feite om te pimpelen, hè. Maar tegenwoordig moeten de meesten op Pinksterdrie werken omdat Forbo en die andere Amerikaanse bedrijven dan gewoon doordraaien. Dus hebben we hier in Knollendam tegenwoordig halve Pinksterdrie. De was half buiten.'

In andere dorpen blijft het daar niet bij en loopt de dorpsheid wel degelijk gevaar. Assendelft, beschouwd als het meest 'boerse' dorp van Zaanstad, krijgt met de nieuwe wijk Saendelft een waterhoofd van 20.000 nieuwe inwoners. Westzaan, net als Assendelft een klassiek lintdorp, kreeg een paar jaar geleden een nieuwbouwwijk aangeplakt en er zijn plannen voor meer uitbreidingen.

Corporatiedirecteur Van Luit wil ook verdergaande plannen niet uitsluiten. Zo wordt er volgens hem gepraat over de mogelijkheid om dorpslinten te 'verdubbelen'. En dat plan van destijds om het Guisveld te bebouwen... als je het puur geografisch bekijkt, is dat niet zo'n gekke plek, als er toch gebouwd moet worden. Ook al omdat er aan de westkant van de Zaanstreek veel meer van dit soort landschap te vinden is.

Maar Frank van Dooren, die er bij de gemeente over gaat, ziet geen noodzaak voor grote nieuwe stadsuitbreidingen. 'We moeten tot 2010 nog vijfduizend woningen bouwen. Dat kan voor een deel via Inverdan, voor een deel in Saendelft en voor de rest door binnenstedelijke verdichting. Na 2010 moeten we er misschien nog eens vijfduizend opleveren, maar ook dat is op te lossen zonder grootschalige nieuwbouw. We hebben veel ruimte in de stad door alles wat er vrijkomt.'

Binnenstedelijke verdichting... echt iets voor een heuse stad. En in overeenstemming met het motto dat die stad nog stadser moet worden. Sinds de Zaanstreek als stad door het leven gaat, krijgt ze te maken met stadsplanning, stedelijke herstructurering, stedenbouwkundige vernieuwing en wat niet al.

Eigenlijk is dat voor het eerst. Van oorsprong is Zaanstad immers een verzameling dorpse enclaves rond sloten en paden die het veen in voerden. Langs die paden heerste een soort onuitgesproken 'recht van opstrek': iedereen bouwde achter zijn huis, langs de sloot, een werkplaats, een bedoeninkje en daarna nog weer een stukje eraanvast. 'We deden hier alles een beetje op z'n goedjaarsends,' zegt wethouder Hans Luiten.

Waren al die individuele acties in overeenstemming met het grote geheel? 'Daarvoor bestond weinig aandacht,' zegt Gerrit Teders. 'De eerste poging tot een grote greep is eigenlijk Inverdan. Dat hebben we dan ook voor de poorten van de hel moeten wegslepen.'

Teders was hoofd stadsontwikkeling en stedelijk beheer bij de gemeente en fungeerde vanaf 1999 als mananager van het herinrichtingsprogramma Inverdan. Begin jaren negentig was een eerste plan, dat nog voornamelijk gericht was op ontwikkeling van het stationsgebied, ingetrokken vanwege weerstand van de bewoners. In 2003 werd het Masterplan Inverdan gepresenteerd, een plan voor ingrijpende verbetering van het hele Zaanse centrum, met veel meer woningen en minder kantoren dan in het eerste plan.

Toch gaan er ook nu nog stemmen op dat Inverdan zich te veel richt op de vestiging van grote kantoren. Het Masterplan sluit onvoldoende aan bij de rommelzones langs de Zaan, schrijft Bob Pannebakker in zijn doctoraalscriptie *De kracht van de rommelzone* (Universiteit van Amsterdam, 2006). Een kwart van de Zaanse economie bestaat nog uit industriële productie. Wil je meer kennisintensieve en creatieve bedrijvigheid, dan heb je met de rommelzones goud in handen.

Pannebakker somt op: Rommelzones bieden een interessante mix van gebouwen uit verschillende historische perioden. Wonen en werken gebeurt er naast elkaar. De huren zijn laag. Het ruimtegebruik is flexibel en over overlast wordt minder moeilijk gedaan dan elders. Allemaal factoren die voor kleine, startende en creatieve bedrijven 'belangrijker zijn dan de aanwezigheid van tropische planten in de ontvangstlounge van de nieuwste glimmende kantoortoren.'

Je zult in de Zaanstreek niet gauw een plek vinden die de bizarre vermenging van stad en land beter illustreert dan De Middel, een uithoek van Westzaan in het noordwesten van het Guisveld. De Middel ligt weggedrukt achter highways en een verkeersplein. Even verderop, aan de overkant van de Nauernasche Vaart, verrijst nieuwbouwwijk Saendelft. In de lucht is het druk met vliegtuigen.

Echte boeren vind je niet meer in De Middel. Misschien een derde van de bewoners is nog 'autochtoon', zegt een bewoner. 'Er zijn nog wel mensen die vroeger een boerderij hadden, maar die hebben nu alleen nog een bedoeninkje met wat jongvee en schapen, of wat paarden in de kost.' De Middel heeft veel rommelige erfjes met ouwe hooibalen en onduidelijke bestemming.

'Kijk,' wijst hij, 'deze boer heeft z'n land te koop staan. Wachten op Staatsbosbeheer. Die heeft het voor het zeggen hier.' Dat klopt – het hart van De Middel is de werkschuur van Staatsbosbeheer. Van hieruit worden het Guisveld, De Reef en het Westzijderveld beheerd, de veenweidengebieden op de westflank van de Zaanstreek. Ook is de schuur het uitgangspunt voor excursies het veld in.

'Veel excursieklantjes die ik hier krijg, doen een beetje minachtend over dit gebied,' zegt boswachter Eric van Gerrevink. 'Die komen hier dan natuurbeleving houden, van die natuur-*diehards*, en die vinden het hier heel anders dan in de Oostvaardersplassen of de Biesbosch. "Zijn we hiervoor om vijf uur uit ons bed gekomen? Had u dit niet van tevoren kunnen vertellen?" Maar dan ga je varen. Na vijftig meter landt er bijna een grutto op de punt van je kano. En binnen een half uur scoor je een roerdomp. In zicht! Dan piepen ze wel anders.'

Midden Op het dak bij Lassie, Wormer / *Midden boven en rechtsonder* Jumbo Nederland, Zaandam / *Linksonder* 'Dooddeur', Zaanse Schans

Groot

Klein

'Zaans mag nooit dominant overkomen'

Albert Heijn, de spreekwoordelijke grootgrutter, 'blijft op de kleintjes letten.' Waarom juist die slagzin gekozen? Uit verlegenheid, zeg ik. Albert Heijn was een klein kruideniertje uit een klein dorpje, Oostzaan. Ook zijn naam was klein: Heijn.

Links Beeldje van Tsaar Peter in zijn gelijknamige huisje / *Rechts* Oude stoven op zolder van de Zuidervermaning in Westzaan

Daarmee kon je in de Zaan prima voor de dag komen. Zaanse achternamen zijn de kortste van Nederland. In zijn boek *De Zaanse Volkstaal* somt Boekenoogen vijfhonderd eenlettergrepige achternamen uit de Zaanstreek op.

Alles aan de Zaan is van oorsprong eenvoudig en klein: de huisjes, de winkeltjes, de dorpen, de namen. Groot wekt wantrouwen. Ook al is je naam nog zo klein, als je daden groot zijn heb je een probleem. Dan moet je extra goed op de kleintjes letten om geloofwaardig te blijven.

Albert Heijn heeft dat goed begrepen. Dat blijkt niet alleen uit die slagzin, maar ook uit de vormgeving van het nieuwe AH-kantoor in Zaandam. 'Veel Zaankanters vinden dat een gebouw met een typisch Zaanse uitstraling,' zegt Gerrit Teders. 'Omdat het wel groot is, maar niet als zodanig wordt ervaren: het is een opeenstapeling van grijpbare maatjes. "Zaans" mag nooit dominant overkomen.'

Het lijkt een trend in recente Zaanse bouwprojecten: het grote vermommen als een optelsom van kleintjes. De Zaanwerf – het woningcomplex op de plek waar vroeger de Marvelo- en Sigmafabrieken stonden – moet de industriële herinnering oproepen, maar is ook nadrukkelijk 'geleed' vormgegeven, waardoor de massaliteit weer wordt verzacht. Ook het nieuwe Inntel verwijst door zijn bekleding met Zaanse geveltjes naar iets van huiselijkheid.

Vroeger toonden ondernemers en architecten zich minder ontvankelijk voor dit soort Zaanse gevoeligheden. Daardoor stikt het aan de Zaan van de David en Goliath-combinaties. Je vindt er tussen de torenhoge silo's en fabrieken het kleinste kapperszaakje van Nederland: Ris aan de Oostzijde, tevens tabaks- en snoepwarenwinkel. Het kleinste kermisje dat ik ooit zag: bij de kerk van Oostzaan, met een minizweefmolen en een lunaparkje dat niet dieper kan zijn dan twee meter.

Ik zag er de kleinste huisjes die de grootste families huisvestten. Aan het Weiver in Westzaan wees Marian Bruin me haar geboortehuis aan. 1681, staat er op het deurkalf. Het huisje staat er piekfijn bij, groengesausd met geschulpte witte windveren. Chic – wonen in zo'n monument? Niet toen Marian klein was. Ze woonden er toen met twee ouders, drie kinderen, een tante, een opa en een oma.

Het Tsaar Peterhuisje in Zaandam is nog kleiner en nog ouder. Logisch dat Peter de Grote het er niet langer dan een week uithield: de hoge gast mat meer dan twee meter! Toen

hij in 1911 zijn standbeeld kreeg op de Dam in Zaandam, vergisten de Zaankanters zich opnieuw in zijn statuur. De sokkel voor het beeld was aanvankelijk te klein en moest worden overgemaakt.

Kunnen we haar ook verklaren, die beheptheid van de Zaankanters met al wat klein is? Hebben we te maken met een extreme vorm van het Hollandse verbod om je kop boven het maaiveld uit te steken? Beetje simpel en voor de hand liggend. Hans Luiten geeft de voorzet voor een ander antwoord, waarbij het oude Zaanse vestigingspatroon een rol speelt. De molens en fabrieken stonden aan de rivier; de arbeiders woonden aan paden die loodrecht daarop stonden en doodliepen in het veen.

'Tussen die paden, met sloten erlangs, bestonden nauwelijks dwarsverbindingen,' zegt Luiten. 'Daardoor ontwikkelde ieder pad zijn eigen sfeer en karakter en kreeg je overal een sterke neiging tot eigenzinnigheid en zelfbeschikking. Er zijn mensen die zeggen dat daar de anarchistische instelling van de Zaanstreek vandaan komt.'

Het is een mooie redenering, die uitgaat van de fysieke en maatschappelijke 'onderbouw' en daarmee recht doet aan het marxistisch gedachtegoed dat door zoveel Zaankanters werd gekoesterd. Een redenering die ook helpt begrijpen waarom het kleine aan de Zaan zo in aanzien staat. Wie het kleine bewaart, behoudt ook zijn zelfstandigheid. Wie zelfstandig en eigenzinnig wil zijn, doet er goed aan klein te blijven.

Die gedachte komt bij me op als ik op een middag in Oostzaan zomaar zo'n pad insla, het Stijfselmakerspad. Wel drie, vier keer twijfel ik of het wel gepast is om verder te lopen. Het paadje, de huisjes, de aanbouwtjes, de bootjes – alles is popperig klein en staat zo dicht op elkaar dat ik me afvraag of dit nog wel de openbare weg is. Zouden hier wel eens inspecteurs van de schoonheidscommissie en bouw- en woningtoezicht verschijnen? Volgens mij regelt men 't hier zelf wel.

Intussen is al die priegeligheid wél gevat in een omgeving van onbekrompen vrijheid. Dat zie ik als ik het pad toch tot het eind toe ben afgelopen en uitkijk over het Oostzanerveld: een hoop niks met in de verte de highway, de flats en de minaretten van de stad.

De stad, de grote stad. 'Zaanstad', met 140.000 inwoners. De bewoners van het Stijfselmakerspad horen er niet bij – tot hun genoegen ongetwijfeld. Hun gemeente, Oostzaan, slaagde erin met zijn negenduizend inwoners buiten de fusie te blijven. Klein en zelfstandig. In andere dorpen kijken ze daar een beetje jaloers naar. 'Eigenlijk willen we 't liefst op onszelf zijn,' zegt Marian Bruin, nog steeds woonachtig in Westzaan, een dorp dat wél in Zaanstad opging.
Inmiddels staat, na de grootscheepse Zaanstad-fusie, alweer de volgende aanslag op de klein-Zaanse gedachte voor de deur. Het Inverdan-project is een verre van bescheiden poging om het Zaanse stadscentrum voor eens en altijd op de kaart te zetten. 'In feite willen we daarmee een nieuwe identiteit voor de stad creëren,' zegt Frank van Dooren. 'Daar zijn veel inwoners heel lang boos over geweest. Grootheidswaan! Zoveel geld uitgeven voor Zaandam!'

Ook Gerrit Teders, een van de grondleggers van het plan, kreeg met dat soort reacties te maken: Inverdan kost 750 miljoen euro, waar is dat voor nodig, dat moeten wij allemaal via de OG-belasting ophoesten. 'Pas als je erbij vertelt dat Zaanstad aan die 750 miljoen niet meer dan 64 miljoen bijdraagt, worden ze wat milder.'

Bovendien is Inverdan niet zomaar een megalomaan raster dat over de oude stad heen wordt gedrukt. 'De oude paden worden gebruikt als ruimtelijke "kamers",' zegt Teders. 'Met elk een speciaal soort woningbouw, zodat je kunt zeggen: ik woon daar en daar, in die specifieke buurt.' Waar mogelijk wordt ook het oude slotenpatroon weer naar boven gehaald.

'Onze Amsterdamse collega's waarschuwden ons, met ervaringen als de Bijlmer in het achterhoofd, voor één ding,' zegt Frank van Dooren. 'Bouw er geen regelmaat in. Bewaar wat je hebt aan diversiteit.' In Zaandam is dat vooral de afwisseling tussen groot en klein. 'Wat dat betreft zitten we met Inverdan voorlopig wel goed,' zegt Van Dooren. 'We bouwen nog steeds alles door elkaar. Je gelooft je ogen niet als je ziet welke enorme gebouwen er met Inverdan tegen die kleine straatjes aan worden gezet.'

DE KAT

Licht groen

'Hij staat zeker nog in de grondverf'

'D'r is nou helemaal geen wind meer,' komt molenaarsvrouw Hanneke de hut van verfmolen De Kat binnenlopen. 'Moet de vang er niet op gelegd worden?'
Molenaar Piet Kempenaar – in zijn onafscheidelijke gestreepte kiel met visserspet en klompen – knikt zonder zijn pijp uit de mond te nemen. Ook die pijp hoort bij zijn vaste uitmonstering als molenaar van De Kat aan de Zaanse Schans.

Donker groen

Rechtsonder Piet Kempenaar in de hut van zijn verfmolen De Kat

Piet Kempenaar ís verfmolen De Kat. Toeristen en bezoekers – er komen er 130.000 per jaar – vinden het prachtig. En dan zien ze hem nog niet eens in actie als hij, gewapend met een pot bestorven varkensreuzel van één jaar oud, naar boven klimt om de klossen van de kap te smeren.

Is Kempenaar een figurant in een sprookjesdecor voor Japanse en Koreaanse toeristen? Dat lijkt maar zo. Onder die Oudhollandse outfit gaat een succesvol ondernemer schuil, die in en buiten Nederland een breed assortiment aan verfstoffen verkoopt. Ons gesprek wordt veelvuldig onderbroken door klanten die opbellen met vragen over rauwe en gekookte lijnolie, standolie, vernis, loodwit (volgens de Hollandse methode gemaakt met paardenmest en azijn) en zinkwit.

Ik heb bij De Kat aangeklopt omdat ik meer wil weten over het keurmerk en kleurmerk van de Zaan: het 'Zaans groen' dat het al even spreekwoordelijke Zaanse huisje siert. Wat is dat precies voor een groen? Je ziet heel lichte en heel donkere tinten – wat is de echte Zaanse kleur? Als iemand die vraag kan beantwoorden, is het Piet Kempenaar met zijn klompen en boezeroen.

In De Kat worden hout en en andere grondstoffen gemalen tot pigment, dat daarna wordt vermengd met een vloeibaar bindmiddel, meestal lijnolie, gewonnen uit lijnzaad. Groen pigment krijg je uit geoxideerd koper, vertelt Kempenaar. Aan de Zaan werd dat niet gemaakt. Je had wel Fries groen (fluorescerend), Bremer groen (uit koper met arseen) en Spaans groen (een donkerder groen, dat bijna naar zwart ging).

'Zaans groen' bestaat dus helemaal niet. Niet alleen omdat het niet aan de Zaan gemaakt werd – het werd er aanvankelijk ook niet gebruikt. De houten buitengevels werden geteerd, dat gaf de beste bescherming. Groen en grijsblauw deden pas hun intree in de achttiende eeuw. Het beeld van de Zaanstreek als een monochroom groen plaatje dateert vooral uit de negentiende eeuw. 'Bijna alle huizen zijn groen geschilderd,' noteerde De Amicis in 1873. 'Er zijn hele straten waar je geen andere kleur ziet.'

Groen is nog steeds populair, maar de gekozen tinten zijn aan mode onderhevig. 'Op het ogenblik wordt over het algemeen voor een frisse kleur groen gekozen,' zegt Kempenaar. Om die groen-*light* gedachte te illustreren, hoeft hij alleen maar naar buiten te wijzen. Daar staat paltrokmolen De Gekroonde Poelenburg in de zon te schitteren, zó lichtgroen dat de spetters je in de ogen vliegen. Toen hij, afkomstig uit Koog aan de Zaan, aan de Schans werd herbouwd, werd De Gekroonde Poelenburg zwart geteerd. Later bleek uit onderzoek dat hij op zijn oorspronkelijke plek die lichtgroene kleur had gehad. 'In de tijd dat hij werd gebouwd, was Fries groen gebruikelijk,' zegt Kempenaar. 'Tja – wat is origineel?'

Is ie mooi, zoals hij er nu bij staat? Daarover botsen de meningen bijna even hard als over het stadhuisontwerp van Sjoerd Soeters. 'Achterlijk!' roept Riet Zegers, die vanuit haar huis pal tegen De Gekroonde Poelenburg aan kijkt. 'Hij staat zeker nog in de grondverf,' hoort Hans Luiten veel mensen zeggen.

Maar restaurateur Han van Leeuwen vindt het prachtig. 'Ik ben opgegroeid aan de Lagedijk, tegenover de plek waar nu de Zaanse Schans staat,' zegt hij, 'en ik heb de Schans zien bouwen. In het begin schilderden ze alles midden- en donkergroen – zo saai als wat! De laatste vijftien jaar is er veel meer onderzoek gedaan en is gebleken dat er vroeger een scala aan kleuren werd gebruikt.'

Ook meer in het algemeen lopen de meningen over licht- en donkergroen sterk uiteen. De meeste mensen die ik ernaar vroeg, hebben een voorkeur voor donker. Hans Luiten heeft dezelfde indruk: 'Als je een Zaankanter vraagt: wat is *Zaans groen*, zegt ie: dat hele donkere, bijna zwart.' Zelf vind ik dat ook het mooist: die diepe donkere glans is voor mij het geheim van echte monumentaliteit.

Ook Han van Leeuwen denkt dat zijn appreciatie voor lichtgroen niet breed wordt gedeeld. 'De meeste Zaankanters zijn daar niet blij mee, ze vinden lichtgroen een beetje goedkoop. Donker is chiquer, vinden ze.' 'Hoe donkerder het groen, hoe rijker,' zegt Marian Bruin. 'Donker was rijkdom. De voordeuren van de notaris en de dokter waren ook diepdonkergroen.'

Volgens Piet Kempenaar was donkergroen in de achttiende en negentiende eeuw ook gebruikelijk, maar dan vooral voor deuren en raamkozijnen. 'Die deed je in donker Spaans groen, wat ook wel grachtengroen genoemd wordt. Maar voor grote vlakken gebruikte je Fries groen. Op die manier krijg je contrast.'

Steevast donkergroen is in ieder geval de 'dooddeur' die je in klassieke Zaanse huizen aantreft. Dat is de deur aan de voorkant, die alleen werd gebruikt bij trouwen en overlijden. Een Zaanse vrouw werd tweemaal in haar leven door die deur gedragen: eenmaal naar binnen, door haar jonge echtgenoot, eenmaal naar buiten, na haar dood. In de periode daartussen ging ze in en uit via de deur aan de zijkant. Achter de dood- en bruidsdeur bevond zich de 'mooie kamer' die alleen voor bijzondere gelegenheden werd gebruikt. De mooie kamer was ook de plek waar je werd opgebaard. Maar omdat alles in het Zaanse huisje zo klein was, kon de kist daarna niet meer worden gekeerd op weg naar de zij-ingang. Vandaar die speciale deur, die dus sober en recht moest zijn, en donker.

Zaans groen is, hoe het er ook uit mag zien, de lakmoesproef van 'echt-Zaans'. Toen Klaas Woudt, twintig jaar oud, in de oorlog clandestien een literair-cultureel blad ging uitgeven, hoefde hij over de titel niet lang na te denken. Zaans Groen stond voor het beste wat de streek te bieden had aan onverstoorbaarheid en onverzettelijkheid.

Een halve eeuw later had Klaas nog niets van die onwrikbare gezindheid verloren. Dat bleek bij de plannenmakerij voor het Zaans Museum, waarvan hij een van de initiatiefnemers was. 'De gemeente wilde daar iets groots en imposants neerzetten, maar wij zeiden: het moet eenvoudig blijven. Uiteindelijk won de grootse variant het toch, en toen ben ik kwaad weggelopen.'

Inmiddels staat het 'monster van de Kalverpolder', zoals het museum volgens Woudts vrouw wordt genoemd, er bijna tien jaar. 'Ik vind dit een echt Zaanse combinatie,' zegt directeur Fokelien Renckens. 'Zo'n functioneel gebouw vlak naast de molens van de Zaanse Schans. Maar oude Zaankanters omarmen het nog steeds niet. Het had van hún moeten zijn. Het had groen en van hout moeten zijn.'

Een paar honderd meter verder trekt Piet Kempenaar aan zijn pijp. 'Het is niet zo dat ik een hekel heb aan moderne dingen,' zegt hij. 'Zo zit ik niet in elkaar. Maar je hebt uitstekende groene betonverf. Als het beton van het museum groen geschilderd zou worden, heb ik geen moeite met dat gebouw.'

Rechtsboven Kunstwerk van Ruud Arkeveld in de Isaac Baarthaven
Linksonder Zaanwerf, Zaandam

'In Amsterdam kom je een heel eind
met flamboyante praatjes,
hier word je afgerekend op wat je bent'

Zaandam Amsterdam

Amsterdam en Zaandam... zo dichtbij en toch zo ver. Van de Dam in Zaandam is het even ver naar de Dam in Amsterdam als naar Knollendam. Gezien vanuit de Amsterdamse Dam is de Zaanse Dam dichterbij dan het AMC. Toch is de 'gevoelsafstand' tussen de twee steden enorm. Hoe komt dat?

Is het iets van ongemak in de verhouding tussen de grote broer, een hele meneer, en de kleine broekenman achter moeders rokken? Klaas Woudt kan zich nog de meisjes van Verkade herinneren. In Koog-Zaandijk, waar hij opgroeide, waren dat de meisjes van koekfabriek Van Delft en bonbonfabriek De Ster. 'Die kwamen allemaal uit Amsterdam. Ze hebben mij wel achterna gezeten, met tasjes waarmee ze ons om de kop sloegen. Hadden wij geroepen: Amsterdamse modepoppen!'

Maar Hans Luiten wijst de gedachte dat Zaankanters zich minder zouden voelen dan Amsterdammers, beslist af. Hij zoekt het verschil eerder hierin dat er aan de Zaan nauwelijks een 'culturele middenklasse' bestaat. 'In Amsterdam kom je een heel eind met flamboyante praatjes, hier word je afgerekend op wat je bent.' Hij spreekt van een 'enorme mistbank' die tussen beide steden boven het Noordzeekanaalgebied hangt.

Het is een toepasselijk beeld, dat ook opgaat voor de ruimtelijke verhouding tussen Zaanstad en Amsterdam. Ga maar eens kijken daar aan het kanaal, waar de twee elkaar ontmoeten. Ontmoeten? De hele strook van de noordwestelijke IJ-oever in Amsterdam tot aan het Hembrugterrein in Zaandam geeft je eerder het gevoel dat je het eind van de wereld hebt bereikt. Terwijl je hier feitelijk in het hart van de Zaans-Amsterdamse agglomeratie zit, op een droomlocatie met uitzicht over IJ en Noordzeekanaal. Wat zou je hier veel, hoog en schitterend kunnen bouwen. En wat zou dat goed zijn voor de samenhang tussen Amsterdam en Zaanstad.

Als het zo ver komt, ben ik de eerste om me voor een woning in te schrijven. Maar of ik het nog meemaak? Aan de noordwestelijke IJ-oever vordert het bebouwen van verlaten bedrijfsgebieden in slakkengang. De Noorder IJplas, verscholen tussen 'Zijkanaal H' en de Coentunnelweg, hoort bij Amsterdam, maar is blijkbaar achter de horizon van stadsdeel Noord weggezakt en wordt aan zijn lot overgelaten.

Aan de overkant van het zijkanaal ligt de Achtersluispolder, een industriegebied dat betere tijden heeft gekend. Het is er schilderachtig – dat wel. Aan een vergane ouwe steiger van de Isaac Baarthaven ligt de *Casper*, een van de weinige bewaard gebleven coasters die vroeger hout hebben gevaren van de Oostzee naar de Zaan. Het schip ligt totaal verroest en afgebladderd te wachten tot er geld is voor een restauratie en heeft, wat je op het eerste gezicht niet zou vermoeden, een mooie eigen website (members.home.nl/struner/index.htm).

Aan de oever van het kanaal staat het monumentale gebouw van rijstpellerij De Vrede ook al schilderachtig te vervallen. Loop je nog wat verder door, dan kom je op het punt waar de Zaan in het Noordzeekanaal uitmondt. Een rommelig veldje, met rechts een hoge schroothoop en vóór je het Zijkanaal G, zoals de Zaan hier heet. Er is een man die zijn hond uitlaat, hij zit hier elke dag een paar uur op het bankje, zegt hij. Te kijken. Verder is er nooit iemand.

De gemeente heeft industrieterrein Achtersluispolder onlangs 'gerevitaliseerd'. Maar is dat wel zo verstandig? De stagnerende ontwikkeling van het Zaans-Amsterdamse grensgebied is deels te wijten aan de hindercirkels van de industrie rond het Noordzeekanaal. Die industrie, nu nog dicht bij bewoond gebied gelegen, zal toch over niet te lange tijd naar het westen moeten opschuiven. Waarom dan zo'n verouderd industriegebied nog eens opgekalefaterd?

Ik leg de vraag voor aan Frank van Dooren, die bij de gemeente over de ruimtelijke ordening gaat. 'We willen zuinig omgaan met de beschikbare ruimte,' antwoordt hij. 'Er is vraag naar dit soort terreinen. Als de bestaande terreinen geen ruimte meer bieden, dan kijken we naar het westen.' Van Dooren vergezelt me op een wandeling langs het Hembrugterrein, dat aan de overkant van Zijkanaal G ook alweer ligt te wachten tot er iets over zijn toekomst wordt beslist. We lopen lángs het terrein, want sinds de hier gevestigde munitiefabriek vertrok, in 2003, wordt het hermetisch op slot gehouden.

De keuze van een goede bestemming voor het Hembrugterrein wordt bemoeilijkt door de hindercirkels van de nabije industrie, maar ook doordat het terrein beschermd is. Een reeks bedrijfsgebouwen van de munitiefabriek – waaronder gebouw 269: Magazijn De Dood – is rijksmonument. Ook wordt er, onder andere in het Kleibos, bijzondere flora en fauna beschermd.

Een tijdlang bestond het plan om op het Hembrugterrein een nieuwe gevangenis te bouwen, ter vervanging van de Bijlmerbajes. 'Doodzonde zou dat zijn geweest,' zegt Frank van Dooren. 'Op deze plek kun je veel spannender dingen doen.' Als het aan hem ligt, komt de gevangenis op het nieuwe industrieterrein Hoogtij in de Westzaner Polder. In afwachting van een definitieve bestemming is aan de rand van het Hembrugterrein creatieve bedrijvigheid toegestaan, mits tijdelijk. We nemen een kijkje bij Taets Art Gallery, gevestigd in het vroegere kantinegebouw van de munitiefabriek aan de kade langs het Noordzeekanaal. 'Niet zo'n goeie locatie voor een inloopgalerie,' geeft de gastvrouw toe, 'maar we combineren het met bedrijfsbijeenkomsten. Mensen die het Muiderslot en het Scheepvaartmuseum gewend zijn, kijken op deze plek hun ogen uit.'

De galerie is een initiatief van Marc Spaan en Peter Tates, die een tijdelijk huurcontract hebben maar toch hebben geïnvesteerd in een even simpele als schitterende verbouwing. 'Die jongens zijn toch een beetje cowboys,' zegt Van Dooren. 'Kolonisten van het Hembrugterrein. Gingen politici en wij ambtenaren maar even doortastend te werk, hier op de grens van Amsterdam en Zaandam.'

Linksboven Sluizen bij de Dam, Zaandam / *Linksonder* Ankersmidplein, Zaandam
Rechtsonder Oude Verkadefabriek tijdens verbouwing tot grand café

Mooi

'Aan de Zaan is lelijk ook mooi...'
'Het is knus-lelijk'

Lelijk

Veel mensen hebben hun antwoord klaar als de vraag wordt gesteld of de Zaanstreek nou mooi of lelijk is.
'Mooi of lelijk? Dat gaat voor de Zaan niet op. Het rotzooitje dat je hier aantreft is zo sympathiek en authentiek dat die vraag of het mooi is, niet eens bij je opkomt.'

Nou ja, bij eerste kennismaking misschien wel.

Toen Jan Zegers voor het eerst de Zaan op kwam varen, riep hij vertwijfeld uit: 'Zoiets lelijks heb ik nog nooit gezien!' Maar nu hij al dertig jaar aan de Zaankant woont, zegt hij, terwijl hij tevreden het roer vasthoudt: 'Het bevalt me eigenlijk wel, zo'n fabrieksomgeving. Het is niet zo aangeharkt. D'r gebeurt nog eens wat.' En zijn vrouw Riet vult aan: 'Door die lelijke dingen ertussen ga je de mooie meer waarderen.'

Stadsplanner Gerrit Teders is al even toeschietelijk. 'Aan de Zaan is lelijk ook mooi,' legt hij uit. 'Het is knus-lelijk. Onschuldig.' En zelf had ik, toen ik voor het eerst kennismaakte met de verborgen charmes van de Zaan, ook die neiging om te zeggen dat de Zaan het onderscheid tussen mooi en lelijk voorbij is. Vergeef de Zaankanters, zij weten niet wat ze doen. Maar nu ik zo intensief aan de Zaan heb rondgesnuffeld dat ik me ook een beetje Zaankanter ben gaan voelen, doe ik daar niet meer aan mee. In die vergoelijkende houding zit ook iets neerbuigends, alsof een blanke ontdekkingsreiziger glimlachend de barbaarse gewoonten van een inheemse stam beziet. Kijk die nobele wilden nu toch!

Nee, wie waarlijk liefheeft, zal ook kastijden. En daarom zeg ik: sommige stukken van de Zaan zijn lelijk. Foeilelijk. Zo godsgruwelijk lelijk dat je hart erbij stilstaat. Maak alleen maar het allersimpelste tochtje van station Zaandam via de Gedempte Gracht naar de Wilhelminasluis, en je kunt er niet onderuit. Het Ankersmidplein bij het station is met stip de lelijkste stadsentree van het land. De Gedempte Gracht met zijn reeks van armetierige paviljoens is net niks – geen vlees en geen vis.

Toch valt met deze lelijkheden nog wel te leven. Het Ankersmidplein is gewoon zo gegroeid. In 1960 stond op deze plek nog een boerderij, weet Gerrit Teders zich te herinneren. Toen werd alles anders, begon de stad te groeien, werd het station verplaatst, en voor iemand het in de gaten had, lag daar het desolate waaigat van tegenwoordig. De paviljoens op de Gedempte Gracht waren een poging om iets van grootsteedse levendigheid tot stand te brengen. Mislukt, maar goed bedoeld.

Maar dan! Aan het eind van de Gedempte Gracht bereikt de wandelaar de plek waar het allemaal begon: de Dam met het sluizencomplex in de Zaan. Wat hier aan lelijkheid tot stand is gebracht, tart iedere beschrijving. Het is alsof het oude, dichtbebouwde stadshart dat hier vroeger stond, van grote hoogte is gebombardeerd met klompen beton. Het charmante neorenaissancistische havenkantoor werd versplinterd door een nieuw gemaal in De Stijl-stijl. Tegenover het eerbiedwaardige café Suisse (nu Humphrey's restaurant) verrees een gigantisch casino.

Om het af te maken werd midden in de Grote Sluis, gebouwd in 1722, een betonnen parkeerplatform neergekwakt. De achttiende-eeuwse accijnshuisjes en de wapenstenen met hun schitterende reliëfs wisten nog maar net de dans te ontspringen en staren nu in permanente verbijstering toe. Is dit toeval, wansmaak? Kan niet. Te erg. Dit moet expres gebeurd zijn, dit is een *statement*. Hier geldt: er moest iets lelijks bij. Iets wat in één oogopslag duidelijk maakte dat Zaankanters neerzien op beschimmelde ouwe troep en nuffige pronk.

De afbraak werd in gang gezet door de stadsbesturen van de jaren zestig, waarin PvdA- en CPN-wethouders de boventoon voerden. *Machers*, voor wie een robuuste functionaliteit het visitekaartje van de Zaan vormde. De antieke huisjes rond de Dam en de sluizen waren voor hen geen waardevolle monumenten maar krotten die aan alle kanten lekten, rotten en tochtten en waar altijd de arremoe had huisgehouden. Dus toen er een nieuwe brug moest komen, de Beatrixbrug, werd de gelegenheid te baat genomen om een flink stuk van het oude stadshart plat te gooien.

'Typisch jaren zestig,' zegt de tegenwoordige wethouder Hans Luiten. 'Alles wat oud was, moest weg.' Ook Luiten is PvdA'er, maar hij kan alleen maar hoofschudden als hij het werk van zijn voorgangers bekijkt: 'Zonde, zonde.' Een van zijn dromen is: het gemaal weg en oude gebouwen terugbouwen. Geen kitsch – wel iets van die vroegere dichtheid herstellen.

Op hun manier weigerden dus ook die wethouders van dertig, veertig jaar geleden het onderscheid tussen mooi en lelijk te maken. Gelukkig heeft de geschiedenis hun ideeën achterhaald. Bij de grote herstructureringsprojecten van onze dagen, de Zaanoevers en Inverdan, spelen historische aspecten een belangrijke rol. Zo worden oude paden en wegsloten gerespecteerd of hersteld.

Gerrit Teders is de man die de naam 'Inverdan' bedacht voor het ambitieuze centrumproject. 'Je ziet in de hele Zaanstreek mooie plekjes en huizen die wat terugliggen, van de weg af,' zegt hij. Zaankanters zeggen dan dat zo'n huis 'in het verdan' ligt, of 'inverdan'. Het is misschien een rare naam voor een project dat juist bedoeld is om een eind te maken aan de wat teruggetrokken, achtergebleven positie van de Zaanstreek. Maar er zit ook een behartenswaardige boodschap in verborgen: de Zaan bezit schoonheid, maar geeft die niet zomaar aan iedereen prijs.

'De makke van de Zaanstreek is: vanaf de snelweg en het spoor zie je alleen de lelijke kant,' zegt Hans Luiten. Na drie weken ronddwalen langs de Zaan geef ik hem gelijk. Wil je zien hoe mooi het daar is, dan moet je diep doordringen in de oude padenstructuur. Binnenplaatsjes op, paadjes en laantjes in die er zo knus en besloten uitzien dat je het gevoel hebt iemands huiskamer binnen te lopen. Pas dan ben je echt in de Zaan en voel je zijn verstilde schoonheid.

De Zaan
in portre

streek
tten

Zaankanters thuis en op hun werk
gefotografeerd door Edwin Walvisch

Jan Groenhart
(Wormerveer 1952)

Kunstschilder
Woont in De Woude

'Ik ben opgegroeid in Wormer. Als jongetje scharrelde ik daar rond in het veld, bij de industriewand langs de Zaan, met de ladende en lossende schepen.

Nu heb ik daar mijn atelier. Het uitzicht over de Zaan geeft me altijd zin om te werken. Hij ligt er al eeuwen, maar hij is in z'n gedaante altijd weer anders en daardoor haast menselijk.

Voor mij is de Zaanstreek het geheel van water, natuur, industrie, licht, lucht... Het is daardoor een gekke streek, en voor mij als kunstenaar een dagelijkse voedingsbron.'

Piet Praag
(Jisp 1949)

Melkveehouder
Woont in Jisp

'Ons familiebedrijf is vanaf 1750 aan het Molenpad in Jisp gevestigd. Destijds had het bedrijf tien koeien; wij hebben er nu vijftig, en jongvee.
De levensstandaard werd hoger en daarmee veranderde de schaal van het bedrijf. Ooit waren hier 25 melkveehouderijen, nu nog twee.

Het Jisperveld is vaarland; de melkmachine staat op mijn boot en is aangesloten op de motor. De koeien worden dagelijks twee keer gemolken; ik ben bezig van half zeven 's ochtends tot kwart over acht 's avonds. Dat is mijn leven; als kind wilde ik al melkveehouder worden. Het is aardig, dat de melkveehouderij steeds meer wordt gewaardeerd, ook omdat wij bijdragen aan het behoud van het open veenweidegebied.

Jisp ligt aan de rand van de Zaanstreek, hoort er nog net bij. Ook hier stonden industriemolens in het veld. Daar zijn nog resten van, en ik vind regelmatig oude aardewerkscherven.'

Peter Tange
(Koog aan de Zaan 1952)

Burgemeester Wormerland sinds 2000
Woont in Wormer

'De Zaanstreek betekent: thuis zijn. Ik groeide op in Koog, waar iedereen elkaar kende. Dat veranderde toen het dorp verstedelijkte. In de kleinere gemeenschappen, zoals Jisp, bestaat die oude sfeer nog steeds.

Koog was een echt industrie-dorp.
De typische industrieluchtjes rook je overigens overal in de streek: van Krommenie tot en met Zaandam.

Nu ruik je dat nog wel een beetje, vooral als je terugkomt van vakantie: de Zaan met z'n ijzerhoudende geur.
Dat is thuiskomen.'

Piet Boon
(Koog aan de Zaan 1958)

Designer, aannemer
Woont met zijn gezin in Oostzaan

'De Zaanstreek is mijn basis; ik ben hier opgegroeid. Voor mijn werk hoef ik hier niet te blijven. Zaanse opdrachten heb ik niet vaak; de Zaanstreek heeft een soort behoudendheid. Maar ons bedrijf heeft in Oostzaan een superlocatie, en er werken veel Zaankanters. Daarom heb ik nooit overwogen om bijvoorbeeld naar Amsterdam te gaan.

Zelf woon ik hier ook, op een prachtplek in het Twiske. Daar ben ik helemaal weg uit de hectiek, maar binnen een kwartier zit ik in Amsterdam en het strand is ook dichtbij – dat zijn voordelen van de Zaanstreek.

We werken in heel Nederland en ook daarbuiten. Van oorsprong ben ik bouwer; ik voerde uit wat anderen ontwierpen.
Nu tekenen we zelf complete gebouwen, inclusief het interieurdesign. Aanvankelijk waren onze meubels tailormade; inmiddels hebben we een productielijn. Van een nieuw stoeltje verkochten we er onlangs in één week 89 in Amerika.
Zulke successen zijn leuk.'

Yorna Aimée Friemann
(Zaandijk 1989)

Student
Woont in Zaandijk

'Ik volg in Amsterdam de mbo-opleiding interieurarchitectuur aan het Hout- en Meubilering-college. Deze opleiding past bij me; ik was vroeger altijd bezig mijn kamer te veranderen.

Hierna wil ik naar het hbo. Ik denk dat ik dan kies voor interieur-styling. Het lijkt me leuk om later voor een woonblad te werken of voor de televisie, bijvoorbeeld voor een soap.

Zaandijk is leuk om te wonen. Amsterdam is dichtbij, met de drukte van de stad en de winkels. Voor de jeugd is dat gezellig, maar Zaandijk is lekker rustig en knus. Je leeft hier niet langs elkaar heen, zoals in de stad. We hebben elk jaar een buurt-barbecue en aan het einde van de zomervakantie is er de braderie op de Lagedijk.

Bij ons thuis gebruiken we zelden de voordeur; de achterdeur is altijd los. Volgens mijn moeder is dat Zaans.'

Jan Stal
(Zaandijk 1967)

Operator bij Duyvis
Woont met gezin in Zaandam

'De Zaanstreek is mijn geboortegrond, alleen tijdens vakanties zijn we er langere tijd weg. Ik had nooit behoefte om te verhuizen, voel me een echte Zaankanter. Mijn familie en vrienden wonen hier, ik heb hier mijn werk en er is de Zaanse omgeving.

Toen er nog echte winters waren, schaatste ik in de polders. Prachtig! En er zijn de knusse Zaanse huizen in Haaldersbroek en Zaandijk, waar ik op uitkijk vanuit mijn werkplek.

Ik kwam bij Duyvis toen ik een jaar of negentien was, nog in de oude fabriek in Koog. Duyvis was net overgenomen door Douwe Egberts, later werden we onderdeel van Pepsico. Voor het bedrijf en de werkgelegenheid was die tweede overname een goede verandering; we kregen veel nieuwe orders.

De sfeer op het werk is open en ontspannen, heeft misschien nog iets van de oude Zaanse mentaliteit. Volgens niet-Zaanse collega's houdt die ook in: mopperen, maar wél doen. Zelf zie ik dat niet, maar ik denk dat ze gelijk hebben.

Pietie van Veen
(Djakarta 1950)
Opgegroeid in Haarlem,
in 1972 verhuisd naar
de Zaanstreek.

Programmeur en hoofd theaterdienst Zaantheater
Woont in Westzaan

'Van Zaankanters wordt gezegd dat ze terughoudend zijn, maar ik ervaar dat niet zo. Ik zie niet veel verschil met Haarlemmers. Nou ja, de taal… Een Zaans woord als 'kluft', voor een helling, kende ik niet.
Mijn verbondenheid met de Zaanstreek ligt vooral in mijn werk. Ik heb de mooiste baan van de wereld en wil daarom niet weg van hier. Het Zaantheater heeft eraan bijgedragen dat het centrum van Zaandam levendiger werd.
Ik ben benieuwd hoe het zal zijn als de rest van de centrumplannen is gerealiseerd.

Daarnaast vind ik vooral de Zaanse natuur prachtig. We fietsen veel en wonen aan het natuurgebied De Reef, waar we met onze kano in kunnen trekken. Ons dorp Westzaan wordt steeds mooier; de nieuwbouw die er bijkwam is in stijl. Dat heeft de gemeente goed gedaan.'

Brahim Fattah
(Tazarine, Zuid-Marokko 1967)
Verhuisde in 1978 naar
Krommenie.

Projectleider Instituut
voor Publiek en Politiek
te Amsterdam
Woont in Zaandijk

'Ik ben opgegroeid in de Zaanstreek; hier wonen geeft me rust. De kleuren van de houten huizen en de velden, de geuren van de voedingsmiddelenindustrie – de Zaanse smaakmakers – het dorpse en het stedelijke…

Ik voel me verbonden met dit gebied en wil eraan bijdragen dat de bewoners van deze multiculturele streek zich met elkáár verbonden voelen.
Via "Dialoog in Zaanstad" proberen we contacten tussen hen te stimuleren. Mensen staan daar open voor, willen meewerken.

Grote afstand tussen etnische groepen past hoe dan ook niet bij de Zaanse nuchterheid.'

Pieter Grandiek
(Wormerveer 1961)

Kastelein en samen met broer Nico eigenaar van Café Batavia aan de Veerdijk in zijn woonplaats Wormer

'Ik woon, werk en recreëer aan en op dit stukje Zaan bij de Veerdijk. Met mijn honden Jip en Sam bewoon ik een in 1933 gebouwde boot, een Waal-schokker, die schuin tegenover Batavia ligt.

Het is een prachtige historische plek waar ik enorm 'groos' op ben. Batavia is een van de gebouwen in de Industriewand van Wormer, die deel uitmaakt van het Zaanoeverproject en op de Werelderfgoedlijst staat.

Ik ben gebakken aan de Zaan-streek, het is mijn bakermat, mijn plek. Bovendien ken ik hier enorm veel mensen. Ik zou nooit uit de Zaanstreek weg willen.'

Annemieke Poiesz-Van der Laan
(Wormerveer 1956)

Hoofdverpleegkundige kindergeneeskunde Zaans Medisch Centrum
Woont met haar gezin in Koog

'De Zaanstreek vind ik een prettig gebied. Je bent hier op de fiets gauw in de polder; daarnaast zijn er de historische buurten, zoals Haaldersbroek, de Gortershoek en de Zaanse Schans – ik geniet daarvan.

Mijn verpleegkundige opleiding volgde ik in het voormalige Johannesziekenhuis. Toen ik na zestien jaar weer terugkwam in, inmiddels, De Heel (nu het Zaans Medisch Centrum) voelde ik me daar snel op mijn gemak.
Er heerst een gezellige en betrokken sfeer en de instelling is professioneel.

Onze kinderafdeling is onlangs onderscheiden met twee smileys, kwaliteitskeurmerken. Er zijn in heel Nederland maar twee andere ziekenhuizen die daarin slaagden. Daar zijn we met z'n allen trots op!'

Roelie Marsie
(Den Haag 1985)

Visagiste, hairstyliste, grimeuse
Woont in Zaandam

'De Zaanstreek is mijn basis. Dat geldt voor het woonwagenkamp waar ik opgroeide, maar ik heb hier ook veel vrienden die, zoals wij zeggen, burgers zijn. Veel van hen ken ik van school en van uitgaan.

Na de mavo haalde ik mijn diploma visagie, hairstyling en grime. Nu werk ik voor mezelf met 'Roelie Visagie & Hairstyling'. Handelsgeest past in onze cultuur. Mijn vrienden en vriendinnen hebben er geen moeite mee dat ik in een wagen woon, ze accepteren onze cultuur.

Ik wil niet anders, in een huis zou ik niet happy zijn. En ik wil ook niet weg uit de Zaanstreek. Dit gebied en de mensen die ik er ken zijn belangrijk voor me.'

Hans Boshuizen
(Amsterdam 1953)

Manufacturing director Verkade (onderdeel United Biscuits), voorzitter Ondernemerskring Zaanstreek en stuurgroep 'Zaanstreek First in Food', lid Zaanse Economische Raad
Woont met zijn gezin in Hoorn

'De Zaanstreek is een prachtig gebied om te wonen, werken en recreëren. Er bestaat hier een mentaliteit van de schouders eronder; als het nodig is staande mensen als één blok voor hun bedrijf.

Toch onderschatten Zaankanters zichzelf. Eigenlijk hebben ze een beetje een minderwaardigheidscomplex, misschien wel doordat ze te veel naar de grote broer Amsterdam kijken.
Maar hier liggen de roots van een grootschalige, succsvolle voedingsmiddelenindustrie... We mogen dus best trots op de streek zijn.

Mede daarom ben ik blij dat het college van Zaanstad het toerisme op de kaart wil zetten en samen met het bedrijfsleven de voedingsmiddelenindustrie wil profileren.

Voor Verkade werken inmiddels weer vijfhonderd mensen. De sales- en marketingafdeling is onlangs uit Amsterdam naar Zaandam verplaatst en binnen ons concern wonnen we op basis van snelheid, rendement en kwaliteit de slag om een nieuwe productielijn. Dat zegt iets over Verkade, en óók over de Zaanstreek.

Carolien Praag
(Spijkerboor 1951)

In 1970 verhuisd naar Jisp, werkt daar met haar echtgenoot in het boerenbedrijf van de familie

'Vanuit Spijkerboor bekeken was de Zaanstreek een ander gebied: een socialistisch bolwerk met grote fabrieken, de Zaan en scheepvaart. Er was nog volop open ruimte, maar daarvan is in Zaanstad veel verdwenen.

Mensen moeten wonen, natuurlijk, maar we zijn verplicht de resterende veenweidegebieden goed te beheren. Bijvoorbeeld in het Guisveld ontstaat steeds meer rietland. Dat trekt vossen, ganzen en roofvogels, die de weide- en watervogels bedreigen.

Binnen de Agrarische Natuurvereniging Waterland, waarin ik lang actief was, werken 285 boerenbedrijven en 460 vrijwilligers samen aan bijvoorbeeld nestbescherming en slootkantbeheer.

Ons bedrijf heeft zestig hectare weiland, waarop in het seizoen onze melkkoeien, jongvee en schapen grazen. Daarnaast verhuren we roeiboten en kano's. Het veld leent zich voor rustige recreatie. Daarmee wordt het bewustzijn gevoed hoe bijzonder dit waterrijke gebied is.'

Chaimaa Benhabdou
(Zaandam 1991)

Leerling Trias College
Woont in Wormerveer

'Ik vind de Zaanstreek een leuke streek. Er is voor jongeren niet zo veel te doen, maar het is hier wel gezellig – ik heb een grote vriendenkring.
Op vrijdag zijn er van zeven tot elf uur dansavonden in Het Wapen van Wormer, waar ik heen ga. Daarvoor moet je veertien jaar zijn.

Ik hou van hiphop, maar sommigen van mijn vrienden houden van andere muziek. Dat maakt niet uit. Als ze maar normaal doen, dus geen ruzie maken of dingen vernielen.

Ik zit in de derde klas van het vmbo-Basis van het Trias College en volg de richting Administratie. Ik weet nog niet of ik hierna naar het mbo wil. Het Trias is een heel leuke school en we zitten in een vet nieuw gebouw. Vorig jaar had het Trias nog vier heel oude gebouwen.
De nieuwe school is hartstikke gezellig, maar misschien wel een beetje té groot. Als je iemand zoekt ben je lang bezig.'

Margriet Eshuijs
(Zaandam 1952)

Zangeres
Woont in Plan Kalf, Zaandam

'In de Zaanstreek liggen mijn roots. Mijn grootvader leefde hier en vertelde mij verhalen over zijn werk vroeger bij Duyvis, mijn kind is er geboren en mijn moeder woont er.

Mijn ouders hadden een muziekschool aan de Dam, veel jonge mensen leerden er gitaar of accordeon spelen.
Als de leerlingen om zeven uur kwamen, moest ik de klossebak in, naar bed dus, óók toen ik al ouder was. Er was niet veel ruimte; de slaapkamer van mijn ouders was een leslokaal.

Van de Zaanse muziekcultuur weet ik niet veel; vanaf mijn twintigste speelde ik voornamelijk buiten de streek. Maar als we nu in het Zaantheater spelen is dat vaak uitverkocht. Mensen hebben mijn carrière gevolgd en herkennen mijn teksten als die aan de Zaanstreek zijn gerelateerd.
We hebben ook hetzelfde soort humor. Buiten de Zaanstreek willen grapjes of gekke opmerkingen die ik maak nog wel eens anders vallen.'

Colofon

Zaanse Zomer is een uitgave van Inmerc bv te Wormer in samenwerking met Stichting Groos te Zaanstad, opgericht door Stichting Ondernemersdag Zaanstreek.

Het idee voor dit boek werd aangedragen door Ton Komen, lid van Sociëteit De Corner.
De opbrengst van deze uitgave zal worden geschonken aan de Juniorkamer Zaanstreek in verband met het 50-jarig bestaan van de Juniorkamer.

Tekst
Herman Vuijsje

Fotografie
Ellen Altenburg, Pieter Boersma,
Edwin Walvisch

Ontwerp en vormgeving
Beukers Scholma, Haarlem
Kantoordeloor, Haarlem

Redactie en productie
Inmerc bv

Lithografie
Bloem Digital Imaging, Wormer

ISBN 10 90 6611 505 X
ISBN 13 978 90 6611 505 7
NUR 520, 652